BOOKS LIFE
斑马书房

我 思 故 我 在

付出不叫爱,
收得到的才叫爱。

情感依赖

摆脱以爱为名的温柔暴力

[日]斋藤学 著　江小舟 俞也 译

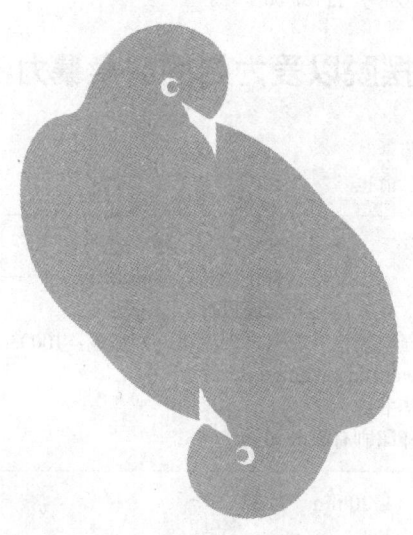

文化发展出版社
Cultural Development Press
·北京·

图书在版编目（CIP）数据

情感依赖：摆脱以爱为名的温柔暴力 /（日）斋藤学著；江小舟，俞也译. — 北京：文化发展出版社，2023.8

ISBN 978-7-5142-4053-5

Ⅰ.①情… Ⅱ.①斋… ②江… ③俞… Ⅲ.①家庭关系－通俗读物 Ⅳ.①C913.11-49

中国国家版本馆CIP数据核字(2023)第143961号

「AI」TOIUNANO YASASHII BOURYOKU
by Manabu Saito
Copyright © 2020 Manabu Saito
Simplified Chinese translation copyright © 2020 by Beijing Land of Wisdom Books Co., Ltd.
Original Japanese language edition published by FUSOSHA Publishing Inc.
Simplified Chinese translation rights arranged with FUSOSHA Publishing Inc.
through Lanka Creative Partners co., Ltd. (Japan). and Rightol Media Limited.(China).

北京市版权局著作权合同登记号：图字 01-2023-4174

情感依赖：摆脱以爱为名的温柔暴力

著　者：[日]斋藤学
译　者：江小舟　俞也

出 版 人：宋　娜	责任印制：杨　骏
责任编辑：孙豆豆	责任校对：岳智勇
策划编辑：唐　三	封面设计：于沧海

出版发行：文化发展出版社（北京市翠微路2号 邮编：100036）
网　　址：www.wenhuafazhan.com
经　　销：全国新华书店
印　　刷：河北朗祥印刷有限公司

开　本：880mm×1230mm　1/32
字　数：76千字
印　张：8
版　次：2023年9月第1版
印　次：2023年9月第1次印刷

定　价：49.80元
ISBN：978-7-5142-4053-5

◆ 如有印装质量问题，请电话联系：010-68567015

前言

近来，我着手将关系成瘾（共同依赖）重新定义为一种病态的自恋。"关系成瘾"一词原本是用来描述虽然试图阻止患有酒精依赖症的人饮酒，但反而助长其饮酒行为的一类人的特征。我以往总是称之为"为他人所需的需要"，而今将其重新定义成"总是不断努力揣摩他人的愿望和期待，并为了与之相符而活"。

人类天生便是如此，这一点毋庸置疑。然而，一旦过度迎合他人，甚至到了牺牲自己的地步，自己的所作所为会给身边的人（如配偶、子女）带来不利影响，导致关系成瘾症，这会妨碍一个人的"自我"成熟。

知名关系成瘾、创伤专家皮亚·梅洛蒂所著《爱恋成瘾，再见》❶一书中列举了关系成瘾症患者难以自爱的五项特征。

第一，难以自爱，无法进行准确的自我评价。

第二，难以进行自我保护，无法设定界限，容易入侵他人的边界或允许他人入侵自己的边界。

第三，难以准确地认识现实中的自己。

第四，难以进行自我关怀，无法准确地向他人传达自己的需求。

第五，难以进行自我表达，言谈举止与自己的实际情况（如年龄等）不相符。

因家庭问题来找我咨询的人大部分存在上述情况。我认为，在关系成瘾症迅猛发展，乃至妨碍建立自我的方面，日本家庭做出了不少"贡献"。

---

❶ 原书名为 *Facing Love Addiction: Giving Yourself the Power to Change the Way You Love*——译注。（本书若无特别说明，脚注均为译注。）

前言

人们在回忆原生家庭时，往往倾向于回忆起温暖、充满爱的画面，因为这样才有安全感。但是原生家庭真的是这样吗？作为一名长期和酒精依赖症打交道的医生，我认为"家庭"和"暴力"二者的关系密不可分。

最先引起我关注的是那些持续遭受醉酒丈夫殴打的妻子。

对此，我感到难以置信。遭遇了这样的不幸，为什么这些女性还继续扮演妻子的角色，待在丈夫身边？在帮助这些女性重获新生时，我发现她们身边还有一群"沉默的受害者"——孩子。令人惊愕的是，这些孩子竟然被遗漏和忽略了。此后，我便开始研究虐待儿童问题，相关成果已经出版成书，书名为《不懂如何爱孩子的父母》[1]。

我认为很多日本家庭原本就具有暴力性和束缚

---

[1] 原书名为《子どもの愛し方がわからない親たち》。

情感依赖
· 摆脱以爱为名的温柔暴力 ·

性,只不过被一层"亲密性的外衣"掩盖了。在一些日本家庭中,男性可以对女性动手,大人可以肆意地对待孩子,尤其是父母对孩子施加的暴力,被冠以"教育""指导"之名,竟被日本法律认可,甚至被认为是不可或缺的育儿手段而受到推崇。

近年来,人们越来越反感任何场合下的暴力性压制。而且,日本儿童咨询处接到的虐待相关咨询数不断增加,对儿童施暴的人也被列为整治对象。

然而,来自父母最大的暴力——父母过度的期待,依旧在悄无声息地侵蚀着家庭,把孩子推向痛苦的深渊。

所谓虐待,并不仅指一看就明了的拳打脚踢,大人肆意利用孩子来为自己谋方便也是一种暴力和虐待。人们好像至今对此还存在着误解。

例如,当夫妻关系恶化,没必要再继续在一起时,却试图以孩子为由维持婚姻关系,修补夫妻关系里出现的裂痕,这就是在利用孩子。被无端卷入纷争的孩子或是成了父母泄愤的对象，或是承担起安慰不幸父母的任务。

所谓教育虐待，也是在利用孩子。父母自认为是为了孩子着想，不顾孩子的身心健康，一味地催促孩子学这学那，去补习班，考名牌大学。因为孩子也知道父母拼命工作是为了自己好，所以孩子不得不心怀感激，努力地去回应父母的期待。

一旦不幸的父母或是望子成龙的父母把培养孩子当成自己唯一的生存价值，对孩子的成长和成功寄予过高的期望，孩子便会被这份期待束缚，逐渐失去自己的人生。以上行为，对离开父母就无法独立生存的孩子而言，都是肆意利用和情感虐待。

然而，这类暴力往往裹着一层以爱为名的外衣，因此难以被发现，施加者和承受者都没有察觉。更为麻烦的是，家庭的约束力规范着每位家庭成员的举止，"做对家庭有益的人（好爸爸、好妈妈、好孩子）"已经成为日本的一种社会风气。当今的日本社

情感依赖
· 摆脱以爱为名的温柔暴力 ·

会,所有人都不由自主地活在这种社会风气的支配之下。

在我看来,过度尊重、恪守和适应好孩子行为规范,这种现象正在孩子中,甚至在已经成年的大人中蔓延。在背后支撑着这种规范至上主义和过度适应倾向的,正是人们对从普通生活水平跌落的恐惧。

在日本社会中的独生子女家庭、少子化现象,以及社会阶层分化也助长了这一倾向。少子化现象使得父母对孩子的期望和托付变得更为强烈。在这样的社会中,一步走错,便会从当下的位置跌落。人们往往会觉得"孩子从小就得为将来做准备",于是努力将孩子培养成能在竞争中脱颖而出的人,再不济也要引导孩子过上"普通水平"的人生,这成了父母的爱和责任。

有时候,孩子的成败也会影响父母的地位、养老生活等,所以父母对待育儿的态度也极为认真。现在,生育和教育已经成为父母人生竞争中重要的战略

前言

部署。人们谨慎地选择伴侣，把握结婚和生育的时机，提前规划好生育数量、孩子的人生路线和将来发展等，并希望孩子按照自己为其描绘好的蓝图走下去。

在日本的竞争社会中，凡事讲究效率优先。在这样的环境中长大的男性和女性，既没有心思也没有能力构建夫妻间的亲密关系，很多人就这样结为了夫妻。这样的夫妻依赖孩子，靠着将自己的梦想寄托在孩子身上，勉强维持着夫妻间交流。夫妻间交流不充分也会影响到孩子，整个家庭笼罩在"体贴"的气氛中，避免冲突，相互察言观色，力求不辜负对方的期待。

孩子生活在这样"温柔体贴"的家庭里，渐渐变得无法表达自己的需求及孩童特有的情感，终有一天会失去自己的情感、需求和愿望，陷入一种关系成瘾型人生，即读懂并按照他人的期望而活，无法实现自我成长。

情感依赖
· 摆脱以爱为名的温柔暴力 ·

如果我们连自己的情感都弄不明白,何谈与他人进行情感交流?当我们极其在意他人的眼光或评价时,就很难展示出原本的自我,总有一天会变得孤独、寂寞,更不可能活出自我、活出精彩了。

剥夺属于孩子的独一无二的鲜活人生,这无疑是一种暴力。在当今日本社会,不少家庭都处在这样的"温柔暴力"之下,以爱为名,干涉和束缚孩子的人生,对其寄予厚望并提出种种要求。

至今仍不断地有这样一群"普通人"来找我做咨询,他们表面上生活在被眷顾的、理想的家庭里,实则被孤独感和窒息感包围着。

斋藤学

2020年8月

目录

第1章 看不见的温柔暴力

父母出于爱而过度地干涉和束缚孩子，对孩子寄予期望并提出过分的要求，把孩子当成自己唯一的慰藉和生存价值。孩子为满足父母的需求而活，被父母过高的期望束缚，由此失去了自己的人生。这对孩子而言，是一种"温柔暴力"。

过高的"期望"是一种温柔暴力 002

父母是帮助孩子成长的"关键人物" 006

隐形暴力下的"好孩子" 010

以爱为名的隐形暴力 014

被上一代的价值观支配 018

情感依赖

· 摆脱以爱为名的温柔暴力 ·

第 2 章　父母的身份认知

　　女性和男性一起努力学习、就职，在相同的评价体系下互相竞争，获得成就和赞誉。然而，一旦开始做母亲，一些女性就会面临全新的价值观，对自我的身份认知产生强烈困惑。对一些女性而言，怀孕生子是一种无意识的"丧失体验"。女性心中有一杆秤，衡量着做母亲的得与失。而成家对男性来说意味着挑起养育妻儿的重担。

"身份认知"的改变　024

母子一体的独立小世界　028

女性面临的双重束缚　032

育儿方式的必然性　036

数落父亲，就是在责备儿子　040

家庭形式使人类的脑容量扩大　044

"婴儿-母亲"的关系模式　048

父母要给孩子设定界限　052

缺乏底线会诱发孩子行为出格　056

目录

第3章　不幸家庭的亲子关系

　　当一个孩子选择回避、忽视或否定自己内心的感受，舍弃自己的需求时，会无法体察自己的情感，丧失爱和共情能力。他们在这样的情况下长大成人、结婚生子，使得"温柔暴力"代代传递下去。

发挥安全基地功能的家庭　062

根深蒂固的家庭意识　066

不幸的亲子关系重复上演　070

"内在小孩"是自我认同的核心　074

孩子有了秘密，才能学会独立　077

为何会对喜欢的人施加暴力？　081

情感依赖

· 摆脱以爱为名的温柔暴力 ·

第 4 章　无法按自己的意愿而活

很多人认为"不做个靠谱的大人，就会被别人抛弃"，这样的人的自我评价很低，极度恐惧遭到他人批评，否认或隐藏原本的自己，这种想法还会引起社交恐惧。他们的行为准则通常是基于自己能在多大程度上回应别人的要求，而不是自己想做什么。

想和大家保持一致的趋同心理　086

关系成瘾：为他人所需的需要　089

在意他人评价，忽略自我　092

社交恐惧症是一种"现代病"　096

用回应需求来塑造自信　100

无法按自己的意愿而活　104

通过醉酒来找回自我　108

醉酒频率与性别意识　112

目录

第5章 "跌落谷底"是改变的起点

要想恢复心理健康，跌落谷底十分重要。抑郁、孤独、不安、烦恼，这些都是我们在面对糟糕状况时所产生的正常反应，这和淋雨后会发烧如出一辙。通过抑郁、孤独、不安、烦恼而跌落到人生的谷底，人就不得不改变一直以来的行事风格、人生观和价值观。而后，这看似绝望的谷底则会成为转折点，人也会由此开始恢复健康并收获成长。

抑郁有时是心理健康的证明 118

孤独和不安是人的正常状态 122

从与他人的关系中理解人心 125

烦恼是一种重要的宝藏 129

认识到自身的无力是重生的开始 133

物化和控制自我的陷阱 137

依赖症患者的谎言与真心话 141

沉溺于短暂的快乐 145

对记忆碎片进行重组和整合 149

最令人恐惧的是死亡和失去 153

第6章 "另一个自己"蕴含的力量

　　历经千辛万苦，或许你的人生未必如愿，但能顽强地走到今天，毋庸置疑，这就是你自身实力的证明。对你而言，这其中的痛苦很重要，正是它造就了如今的你。倘若你能和内在的自己关系融洽，就能看到从未看过的风景，听到不曾听过的声音，也就能自然而然地知晓前进的方向和该做的事情。

如何看待停滞不前的状态　158

活到现在就是实力的证明　162

把治疗当作一段奇幻之旅　166

返童退行：遏制成长的力量　170

通过育儿唤醒"内在小孩"　174

父母越有能力，孩子越受其苦？　178

想象未来的自己，进行具体的改变　182

拥有"另一个自己"，重拾遗忘的记忆　186

目录

第7章　从依赖症开始成长

　　创伤幸存者所需要的是关心自己、愿意完完整整地倾听自己心声的人，但倾听者不能是可以为他做些什么的依赖对象，而是和他自己一样的"成人孩子"同伴。当他置身于会被认真倾听的环境时，他所说的话会变得意义非凡。这样的交谈会给迄今为止束缚他的诸多价值观带来巨大冲击，并改变他的交流方式，而这些改变也有助于改善他和家人之间的关系。

为何会对依赖症紧抓不放？　192

愤怒很正常，敌意才需治疗　196

寻找能表达自我的方式　200

将烦恼说出口，便能找到解决之道　204

寻找交流对象，练习表达愤怒　208

互相倾听的交流会　212

依赖症是一种心理防御方式　216

提高对不安的耐受力　220

不依赖酒精也能展现真实的自己　224

从幸存者到成长者　228

第1章

看不见的温柔暴力

父母出于爱而过度地干涉和束缚孩子,对孩子寄予期望并提出过分的要求,把孩子当成自己唯一的慰藉和生存价值。孩子为满足父母的需求而活,被父母过高的期望束缚,由此失去了自己的人生。这对孩子而言,是一种"温柔暴力"。

过高的"期望"是一种温柔暴力

说到虐待儿童,有人会想到身体上的伤害,实际上,情感上的虐待也是虐待。

"虐待儿童"一词,源自英语"child abuse",英语中的"abuse"原本就没有造成身体损伤的意思。虐待儿童不是极少数人的问题,它与大部分坚信自己疼爱孩子的父母绝非毫无关系。换句话说,出于爱而过度地干涉和束缚孩子,对其寄予期望并提出过分的要求,这对孩子而言就是一种"温柔暴力"。或许可以说,很少有家庭能够摆脱这种温柔的暴力。为了寻找解决之策而向我咨询的人中,多数都是来自世人眼中极为普通的家庭,甚至是健康的、理想的家庭。这

第 1 章
看不见的温柔暴力

样的束缚在家庭里转变成暴力的例子不胜枚举,从这一层面来说,我认为家庭可能是一个"暴力空间"。如果这个表述太过极端,也可换成"包庇暴力的空间"。有的夫妻双方无法满足彼此的需求,这便是家庭成为"包庇暴力的空间"的契机之一。无法彼此满足,夫妻关系就会出现裂痕。简单地说,当夫妻关系恶化,没必要再继续维持时,孩子便会被用来修补夫妻关系间的裂痕。

有很多对前来咨询的夫妻都说,自己是为了孩子才会维持早已丧失意义的婚姻关系,又或是将潜在的夫妻问题置换成孩子的问题,要求孩子必须做些什么。当事人或许本意真的是为了孩子,但以这种形式对待孩子,其实是对孩子的肆意利用。如果孩子被卷入这样的夫妻纷争中,那么孩子会成为父母的泄愤对象,承受来自父母的暴力;又或是成为不幸父母的慰藉,将自己的需求和孩童特有的情感放在一边,为满足父母的需求而活。当一些不幸的父母把孩子当成生

情感依赖
· 摆脱以爱为名的温柔暴力 ·

存价值，对其成长和成功抱有过高的期望时，孩子便会被父母的期望束缚，从而失去自己的人生。这些对一旦离开父母就无法独立生存的孩子而言，是一种肆意利用和情感虐待。

虐待儿童，是指辱骂、肆意利用、随意对待儿童。

父母是帮助孩子成长的"关键人物"

每个孩子的心中都潜藏着父亲和母亲的形象。无论孩子是一味攻击父亲，还是一个劲儿地赞扬父亲，孩子的这份情感背后必然有其母亲的影子。另外，那些张口闭口都是母亲的人，内心也必然有一处是属于父亲的，即使仅是极小的位置。父亲和母亲对孩子的影响都是巨大的。

父亲和母亲是孩子塑造自我过程中的关键人物，若他们在孩子心中对立，就会造成孩子自我的缺失。当产生"有这样的爸妈真好啊"的想法时，孩子才会拥有自我。拥有自我之后，孩子才能有喜怒哀乐等鲜活的情感。

第 1 章
看不见的温柔暴力

当母子关系过度亲密，以及父亲缺位，会在不知不觉间让母亲在育儿过程中产生一种"丧偶式育儿"的假象，随之而来的便是源源不断的对"假想丈夫已经死掉"的罪恶感。如果母亲能够正视它，知道这不过是种幻想罢了，认识到这种幻想的不妥，并及时纠正的话，母亲也是能够获得救赎的。然而，一旦母亲不愿正视这种罪恶感，一个劲儿地逃避，那么，为了将自己的行为正当化，她极有可能陷入一种极端的状态，认为"反正不管我做了什么，孩子都应该爱我、原谅我、守护我"。

这样的母亲培养出来的孩子会把母亲当成无所不能的人，将母亲以及母亲这面镜子所折射出的自己视为一体，并享受这种状态。某些场合确实需要孩子这样做，但当孩子一直完全依赖这面镜子时，事情则会变得棘手。因为如果孩子将自己与无所不能的母亲视为一体，孩子的内心将会有一种无意识的无力感。一旦发现母亲这面镜子发生扭曲时，孩子只能用愤怒来

情感依赖
· 摆脱以爱为名的温柔暴力 ·

表达这种无力感。

一个人如果总是谴责父母,那么他在创作"自我人生"的故事时,就无从下笔,又或是文笔太烂,无法让自己获得成长。

"对孩子而言,父亲和母亲都是不可或缺的重要的存在。"人们常挂在嘴边的这一平凡的结论里,蕴含着真理。

「自我」的核心，始于父母形象所折射出的自我形象。

隐形暴力下的"好孩子"

似乎很多人认为"成人孩子"（adult children）是"已成年的孩子""长不大的人"。"adult children"其实是"adult children of alcoholics"及"adult children of dysfunctional"的缩略语。前者是"在有酒精依赖症患者的家庭中长大的人"，后者是"在功能失调的家庭中长大的人"。概括地说，"成人孩子"指的是在对子女成长方面有负面影响的父母身边长大，并且成年后在精神层面依旧深受其影响的人。专家参与"成人孩子"的治疗和帮助活动时，总是容易将目光投向无论如何也摆脱不了为满足他人需求而活的"安静型"。而我认为，对于另一类型，即对他人持有明显攻

第 1 章
看不见的温柔暴力

击性态度的"攻击型",我们也应该加深了解。

通过关注这两种看似截然相反的家庭类型及其内部交流,我们就能明白怎样才能让孩子选择创造性的人生,发挥自己的力量来走近他人、走进社会,为自己而活。攻击性十足的年轻人往往容易行为越轨,甚至走上犯罪之路。但要知道,他们中的大多数是虐待儿童行为的受害者,曾遭受过父母的暴力对待。经历过这样残酷的事,他们难免受到创伤后应激障碍的影响,出现攻击性行为。

具有攻击性的年轻群体曾因"家庭内部暴力"在日本社会引起轩然大波。"家庭内部暴力"是指青春期的孩子对父母施加的暴力。我们在理解只把父母作为攻击对象的年轻人的问题时,需要跳出当事人个人病理的局限,不能把对父母施暴的年轻人简单诊断为精神分裂或人格障碍等。因为那样不仅起不到任何作用,甚至还会适得其反,将饱受折磨的当事人从其家人身边越推越远。关于这一点,专家应该有所察觉。

情感依赖
· 摆脱以爱为名的温柔暴力 ·

最关键的不是如何抑制和镇压暴力,而是要认清一个事实:家庭内部交流不充分,甚至不得不用暴力来传递信息,其根源在于家庭被关系成瘾支配。

这意味着我们需要关注那些"好孩子"的价值观、生活方式,以及他们和家人的交流。他们远离暴力,对父母言听计从,试图给自己洗脑,摒弃情感。

没有谁一生下来就是"好孩子",对父母千依百顺。例如,小婴儿会涨红小脸蛋儿,哇哇大哭,让父母颇为头疼,他们可不分什么时间、场合。"好孩子"是来自父母及社会的"隐形暴力"约束下的产物。

「好孩子」是常见的「成人孩子」类型。

以爱为名的隐形暴力

一位家庭社会学者将家庭定义为"成员通过共同居住来满足彼此需求的人类集体"。

说到"人类的基本需求",我认为,安全感是首位的,它在某些程度上要优先于食欲。有些人只有在身心安全都得到保证的情况下,才能产生食欲。然而,不少家庭都无法满足这一点。

人们在回忆自己的原生家庭时,往往倾向于回忆温暖、充满爱的画面,因为这样内心才有安全感。然而事实却是,家庭未必是温暖和充满爱的地方。

人们论述现代家庭时,大多从"家庭的崩塌""家庭纽带变弱"等危机视角着手,也就是从原本纽带牢

第 1 章
看不见的温柔暴力

固、关系良好的家庭正在逐渐消失这一角度切入。但事实上,家庭并非牢不可破,也并非安全到让人们想珍视这个纽带的程度。

在我看来,在日本,所谓家庭是指"允许男性对女性动手,允许大人虐待孩子的地方"。这话也许令人难以理解,可事实却是如此。某些行为在大街上进行,会受到法律制裁,换到在家里进行,却不会被谴责。近些年,这样的情况有所改变。但在过去,遭受丈夫家暴的妻子即便报警,警察也不会插手,只在门口逗留一会儿便走了,说是"夫妻间的事由两人好好商量解决",这样的事屡见不鲜。要是双方能好好沟通,还用得着特意打电话报警吗?很多时候,这也反映了世人对家庭内部暴力的态度。

父母虐待孩子的情况就更不用说了,通常被冠以"教育""指导"之名,法律上也允许。硬要说的话,诉诸武力的暴力最起码容易被发现。

此外,夫妻吵架也是在虐待儿童,当着孩子的面

情感依赖
· 摆脱以爱为名的温柔暴力 ·

施暴被列为精神虐待。这也是儿童咨询处接到的与虐待相关的咨询件数攀升的原因之一。

但是，父母对孩子最严重的暴力——"父母的期望"压根儿未被世人留意到。"父母用期望束缚孩子"的这种"隐形的暴力"至今仍被置之不理，无人过问。

对孩子而言,父母过高的期望很大程度上让家庭变得危险。

被上一代的价值观支配

若在几十人规模的演讲会上提问"你们家流传什么样的家庭神话",应该会有人举手分享。大多数内容都是"我们家是平家后人""祖上是清和源氏"等。硬要追溯的话,日本人都属于源氏、平氏、藤原氏、橘氏古代四大豪族中的某一支,再往上追溯的话就是天皇家族。这便是家庭神话最朴实无华的类型,与血统息息相关。血统神话通常使人自命不凡,拒绝与那些平庸之辈来往。

比如,不知为何,有些人总是一副不可一世的样子。他们会莫名其妙地说"我和这帮人不同",在进一步追问之下,他们会说"我爷爷上过旧制中学"

第 1 章
看不见的温柔暴力

等。确实，在那个年代，大家顶多是高等小学学历，所以上过旧制中学的人会被认为很了不起，渐渐地被传为天才一般的人物。这一类型的神话仅仅在此人出生成长的地方适用，放在外界来讲，就是天大的笑话了。

在日本若一个人从东京大学毕业后在Y市首屈一指的大企业就职，那么他在当地可以说是精英中的精英。他的结婚对象一定是当地高等女校出身，上过比较有名的大专的优秀女性。那么，这两人组建的家庭在当地绝对是出类拔萃的。丈夫前往公司在东京的分部赴任，一家子搬到东京都世田谷区的员工住宅，进入完全陌生的人际环境。在这个家庭的孩子眼里，世田谷区小学的同班同学都是"附近的庸人"，但他的同学却没办法理解这种想法，只会觉得"转学来的那个人很嚣张"。渐渐地，他就会被周围同学孤立，变得不愿意上学。就职于大企业的父亲工作繁忙，根本无暇顾及孩子和妻子的心情。这时，高等女校出身的

情感依赖
· 摆脱以爱为名的温柔暴力 ·

母亲觉得"必须守护我们家的传统，可不能让我们家孩子和周边的庸人混在一块儿"，就会"挺身而出"，代替父亲积极地给孩子灌输自己家的家庭神话。就这样，孩子渐渐地会被母亲的价值观影响，变得与周围人格格不入。因为被上一代人的价值观支配，信奉上一代人口中的家庭神话，把自己逼入窘境，来找我咨询的人当中，不少都存在这种情况。

一些活在家庭神话光环下的孩子,会酿成一场悲剧,自己的人生故事中将出现自我异化。

第 **2** 章

父母的身份认知

女性和男性一起努力学习、就职,在相同的评价体系下互相竞争,获得成就和赞誉。然而,一旦开始做母亲,一些女性就会面临全新的价值观,对自我的身份认知产生强烈困惑。对一些女性而言,怀孕生子是一种无意识的"丧失体验"。女性心中有一杆秤,衡量着做母亲的得与失。而成家对男性来说意味着挑起养育妻儿的重担。

"身份认知"的改变

在过去的日本社会，男女有着明确不同的文化属性。男性为了在外工作、挣钱养家，必须具备独立能力；女性则为了结婚，需要提升仪容姿态，做好为人妻的功课，相夫教子被视为一种美德。但是，现在这种性别文化的界限正变得模糊。以前，人们多从仪容仪态、魅力等方面去称赞女性，而今几乎已无关性别，男女都会因成绩、业绩等获得赞誉。

在这样的社会环境之下，女性在青春期、青年期和男性一起努力学习，同男性一样朝着自我实现的目标迈进。然而，一旦怀孕，她们不得不面对与以往完全不同的价值观，出现自我认同混乱也不足为奇。做

第 2 章
父母的身份认知

母亲这件事让她们之前形成的自我被母亲这一身份吞噬,这会引起关于身份认知的强烈困惑,甚至可能导致自我的灭亡。

就好像,母亲突然误入异世界,和孩子共同生活在一个空间中,并与外界断绝联系,这个空间相当于只有母子二人的小世界。身边的父亲偶尔闯入,但不过是这个小世界的匆匆过客,看到母子俩微笑的样子便安心了。父亲很难看到这个小世界内部发生了什么,也察觉不到母亲的不安。

怀孕、分娩和育儿实际上意味着女性脱离社会活动。她必须放弃或减少自己之前构建的社会关系和实现自我的相关活动。另外,只有少数女性在休完产假和育儿假后还能回到以前的单位从事管理层工作,多数都不得已选择依靠丈夫而活,无论是经济上还是社会关系上。女性的自尊难免因此受到伤害,毕竟在此之前,她们也都是独立自主的,拥有自己的社交圈子。

情感依赖
· 摆脱以爱为名的温柔暴力 ·

对女性而言，怀孕、生子或许是一种无意识的"丧失体验"。这种体验会让她们产生一种动机，想要夺回失去的东西。她们心中都有一杆秤，衡量着做母亲的得与失。她们要从母亲这个身份中找出与其所付出的牺牲相匹配的意义和充实感，这就像男性会权衡成家的得失一样。成家对男性来说意味着挑起养育妻儿的重担，但同时它也会带来安稳和信赖感。

对一些女性而言，怀孕生子会使自己产生一种无意识的『丧失体验』。

母子一体的独立小世界

　　女性渐渐地意识到，做母亲是独立于婚姻及家庭之外的一种选择。我相信，一定有很多女性自愿选择做母亲。"做母亲是一种选择"，这种意识的萌芽与其说是积极选择生育的结果，还不如说是伴随不生育成为可行选项而产生的自然而然的结果。为了抑制人口增长，政府广泛普及避孕知识，法律也许可终止妊娠。此外，夫妻可以决定生育的数量和时间。像这样，具备可以掌控怀孕和生育的条件时，做母亲对女性而言便成了一种"选择"。

　　在不生育的选项为女性的人生带来变化之前，还

第 2 章
父母的身份认知

有一段结婚由必选变成可选的历史。其背景是，女性在婚姻家庭之外渐渐地实现了经济独立。在此之前，人们普遍认为女性到了年纪就要结婚成家。一旦结婚成为个人的自由选择，"结婚生子"这一传统的想法和意识也开始被摒弃。"结婚并成为某人的妻子并不意味着做母亲，做不做母亲由我（女性）自己决定"，女性会这样想也是自然而然的事。

做母亲成为一种选项，会导致女性的某些态度和意识变强，如"我要作为一位母亲生活""我要这样养育孩子"。女性做人生规划，自己决定结婚生育，那么也不难理解她会认为"孩子的生母是我，也是我决定要生的，成为什么样的母亲以及如何育儿的决定权自然也在我手上"。

受苦的是在这种环境下出生的孩子。说到底，母亲与孩子的关系独立于其他人际关系之外，形成一种被称为"母子胶囊"的独立小世界。在这种独一无二

情感依赖
· 摆脱以爱为名的温柔暴力 ·

的关系中,一些母亲将孩子视作自我的延伸,试图随心所欲地操控孩子的思想和生活。很多孩子就在这种特殊小世界里背负着母亲的厚望长大。

有的母亲把孩子当成可以自由驱使的存在。

女性面临的双重束缚

交流时，如果给他人发出相互矛盾的两个信息，便会引起对方的混乱，给对方造成强烈的压力。这种情况，我们称之为"双重束缚"（double bind）。我认为，很多现代女性是自己造成这种双重束缚的状态的。

今时不同往日，根深蒂固的性别文化界限正在消失。在当下的日本，仍有很多女性一旦怀孕生育，便会辞职或不得已辞职，也几乎承担全部家务活。女性依然肩负着为了丈夫、为了孩子鞠躬尽瘁的"使命"。

这样的女性具有很强的能力，学生时代一直是和男性同台竞争过来的，她们自然希望婚后也能发挥自

第 2 章
父母的身份认知

己的能力，表现自己，活出属于自己的独一无二的人生。

在25岁之后，甚至是30多岁时备受进食障碍折磨的女性中，不少人都存在上述情况。有一位女性从知名高中毕业后，进入家喻户晓的名牌大学就读。读书期间，与同学结婚，毕业之后进入杂志社工作，后辞职生下两个宝宝。因为不想和倾心于自己的丈夫分居两地，便跟着去了丈夫工作的地方。如今，她作为家庭主妇扮演着妻子和母亲的角色。回首婚后十年，她说："这十年来，我无所作为。丈夫有工作，孩子有学校，而自己一无所有。一想到自己将这样枯萎腐烂，就很不甘心。"每当丈夫获得晋升，又或是在她面前说工作上的艰辛时，她甚至"自己嫉妒到气血上涌"。与此同时，她又对自己的能力感到自卑，始终摆脱不了传统意识的束缚，这是一种截然相反的自我认知，这样的自我认知的双重束缚会阻碍自我表达。

似乎时下日本的所有女性或多或少都有这种自我

情感依赖
· 摆脱以爱为名的温柔暴力 ·

认知的双面性,由此引发的自我表达受阻进一步导致了抑郁、空虚、寂寞、暴食等。我认为,患有进食障碍的女性是以极为夸张的方式将这种双面性呈现了出来。可以说,她们给当代全体女性敲响了警钟。

自我表达的困扰,是指在『渴望表达自我』和『恐惧引起他人的反对』中左右为难,束手无策。

育儿方式的必然性

有一种说法：人类是"本能受损的动物"。这里的本能是指出生前就在基因里被决定好的物种固有的行为。因此，鸡按照鸡的方式啄食，狗按照狗的方式喝水，这一切都被必然性支配。而我们人类的行为却未完全被这种必然性支配，人类拥有"我""自我""自己"等纷繁复杂的意识，构筑着自己的人生。所以，我们的生活因时代、情况、个人而异。

动物的育儿基本上是在被基因决定好的必然性中进行，调节交配、受孕、哺乳的荷尔蒙，以及神经反射，几乎决定了动物的一切行为。

人类母亲在"自我"的各种情感和需求之下进

第 2 章
父母的身份认知

行育儿。毋庸置疑的是，在她与异性邂逅，以及受孕、分娩、哺乳等的整个过程中，都有各种各样的荷尔蒙参与，但这些荷尔蒙并不决定她的性行为和育儿方式，而是塑造"自我"的人际关系史对这些起决定性作用。当然，她对这一切是意识不到的，她能意识到的仅仅是关于那些不会将她置于危险之下的体验的记忆和意志。从意识中剥离出来的东西便构成了无意识，具体表现在行为上。

考虑到这个过程是如此复杂，那些认为母亲必然会埋头育儿、会因此得到满足、绝对不会有不满的想法着实有些荒谬。女性因为各种各样的理由生下孩子，有时甚至是不得不生。对自己生下的孩子，她们也抱有很多复杂的情感。很多时候，她们觉得"自己的宝宝超级可爱"，但也会在某一瞬间涌起一丝憎恶，认为孩子如同小恶魔一般吸食了自己的一切。

为什么明明选择了生育，却又以这样的方式养育孩子呢？这与她出生在什么样的家庭、父母是什么样

情感依赖
· 摆脱以爱为名的温柔暴力 ·

的人、父母是如何养育她的、兄弟姐妹平时是如何相处的等息息相关，也取决于她是在什么样的地方、什么样的经济条件下长大的，又与什么样的人构筑了什么样的关系，她又从中学习、感悟到了什么。上述所有的一切构成她自己的必然性，她遵从这种必然性来养育孩子。

女性在自己的人际关系中决定生孩子,并用自己的方式养育孩子。

数落父亲，就是在责备儿子

男性（丈夫、父亲）有义务守护孕妇和孩子避免外敌侵扰，有义务配合妻子的育儿活动。为了履行自身职责，男性在孩子出生前后必须做到以下几点：第一，有"客体力比多"（Object-libido）[1]，能将自己的能量倾注到孩子身上；第二，帮助妻子实现母亲角色和妻子角色的统一，并能忍受因此导致的自我需求得不到满足的状况；第三，必要时发挥桥梁作用，缓和母子在分离之际产生的冲突，帮助孩子脱离母子一体

---

[1] 力比多，是英文单词"libido"的中文译音，表示一种性力、性原欲，即性本能的一种内在的、原发的动能与力量。客体力比多，即把客体当作爱的对象。

第 2 章
父母的身份认知

的世界；第四，特别是当孩子是男孩的情况，接受并理解孩子"想把母亲占为己有"的念头，防止母子关系过度亲密。能够完成这些职责其实意味着父性的成熟，然而，任何时代都不乏只顺从本能而活的男性。具体表现为：不断拈花惹草，试图去控制别人，自爱倾向强，比起爱护别人更优先考虑自己，等等。这样的男性，其父性还停留在不成熟阶段，无法履行作为父亲的职责——守护妻儿。

母亲无法认可这样的父亲，结果导致父母很难齐心协力帮助孩子走向成熟。也正因如此，母亲会将对眼前儿子的抱怨转化成对父亲的不满。

但是儿子已经吸纳"任性妄为的父亲"的某些东西并将之转化为了自己的一部分。所以，在儿子眼中，母亲数落父亲的不是，就等同于在责备自己。事情也就因此变得棘手了，儿子憎恶责备伤害自己的母亲，以及对此袖手旁观的父亲。

而且，儿子也吸收了不停发出责难的母亲的某些

情感依赖
· 摆脱以爱为名的温柔暴力 ·

思维,他在因母亲责难父亲而仇恨和攻击母亲的同时,也在攻击自己。责备自己及父母的心情越强烈,背负这份心情前行就越痛苦。因此,儿子不得已舍弃父亲以及自身和父亲同化的那部分,逃进"全能母亲"等同于"全能自己"的幻想之中。这样一来,儿子将注定孤独一生,很容易活成有强烈自爱倾向的男性,也就是缺乏体谅他人的思维,以自我为中心的男性(丈夫、父亲)。

母亲对儿子叹息道:「你可不能像你父亲一样任性妄为。」她本意并非责备儿子,可实际上却变成了在责备儿子。

家庭形式使人类的脑容量扩大

我此前一直认为家庭首先是育儿的空间，本质上是为了母亲和孩子而存在的。然而，我近来开始强调父亲的功能。当父亲宣告"这里是我的家"时，家庭才由此成立。

有了父亲的宣言——"保护你们是我的责任"，家庭才得以成立。也就是说，宣告家庭组建的不是母亲，而是父亲。

这里说的父亲，不是生物学上的父亲，而是社会学上的父亲。在没有父亲的家庭里，社会学父亲的角色由母亲承担。

然而，母子关系本来就是一种实态和现实。母亲

第 2 章
父母的身份认知

通过嗅觉等感官识别自己的孩子，是母子关系中现实的、活生生的人物。与此相对，社会学父亲是虚幻的，由虚幻父亲的宣言而开始的家庭也是虚幻的。

根据最近的化石人类学研究，黑猩猩和人类进化之路的分岔并不是从大脑扩张开始的，而是从直立行走开始的。能够直立行走，意味着可以去更远的地方，确保找到足够的粮食并返回母子等待的基地。把带回的粮食分给谁，如何分配，这种利他行为催生人类的共情和移情能力，家庭内部的粮食分配促进了人类情感的萌芽。也就是说，在进化成人类之前，古猿容量400毫升左右的大脑中负责共情和移情的部分变得发达后，才进化成了人类。可以说，是家庭这一形式让古猿的脑容量变大，并进化成人类，而不是进化成人类后才开始组建家庭。这样的家庭是由获取粮食后归来的父亲宣告"我是父亲"而成立的。在这样的父亲的存在之下，在具备生育条件的安全基地之中，我们的祖先才能进化成脑容量高达1500毫升的人类。

如果是这样，我们不得不承认，在成立家庭这件事上，父亲的存在具有重大意义。

也正因此，我最近重新开始对父亲的存在抱有极大的兴趣，并且开始思考近些年来父亲的存在是如何变化并走向多样化的、理想的父亲形象是什么样的等问题。

家庭由父亲宣布成立。

"婴儿-母亲"的关系模式

当下，男女结婚的动机有很多种。不过，在我看来，双方还是有一个共同目的的，那就是都在渴望并追寻"母亲"。

这是思考当代夫妻关系时的重要切入点。因渴望"母亲"，双方在结为夫妻时便开始了"退行"竞争。在这场竞争中，基本上都是丈夫取胜，而妻子变成母亲的替代品。日本的丈夫们都是"小孩"，一直期待得到妻子无微不至的"老妈式"照顾。

所以，和欧美丈夫不同，日本丈夫对妻子的背叛没有那么强的戒心。以前有一本杂志围绕"丈夫拒绝回家症候群"做过一期特刊，在对上班族进行问

第 2 章
父母的身份认知

卷调查时,发现不少人明明8点左右就能回家,却非要拖到半夜。对于"你觉得你老婆会怎么想"的问题,大部分人都回答"我老婆肯定相信我,在家等我回去"。

明明可以早些回家,却不这样做,把家务活和育儿全交给妻子,也不体恤妻子,更没花心思、抽时间和家人待在一起。之所以能够期待妻子无限的包容和宠溺,是因为他们没把妻子当"女人",在他们眼里,妻子是"妈妈"。

男性从母亲的子宫出生后,就在类似"人工子宫"的环境之下长大。所谓的"人工子宫"是指从一开始的母亲的身体,到原生家庭,再到和结婚对象一起构建的家庭。但总的来说,男性一直生活在"人工子宫"的环境之中,这一点毫无变化。

经常有人说"男人婚前婚后判若两人"之类的话,我认为这不是男女过招的战术,不能这么轻描淡写地一笔带过。这或许涉及"返童""重返子宫"等

情感依赖

· 摆脱以爱为名的温柔暴力 ·

严重的退行问题，夫妻间不知不觉出现一种退行现象，丈夫和妻子在构建一种比"婴儿－母亲"的关系程度更低、宛若"胎儿－母体"的关系。男性深信自己可以永远活在"妈妈"的关照之下，而女性一直在诱导男性去相信这一点。这样的夫妻关系在日本社会很常见。

妻子和丈夫都是因渴望『母亲』而结婚的。

父母要给孩子设定界限

　　人通过培育创造出来的事物（育儿是其形式之一）从而跨出心灵成熟的最后一步。无论对象是什么，当人们饱含着爱意去培育时，就能在自己心中看到之前从未看见过的东西，感受到从未感受过的东西，孕育出从未存在过的东西。我们能从培育这项活动中学习到很多，其中尤为重要的一点是，我们创造出的并非我们自身。人有时会被自己创造出的事物所束缚和背叛，会担心它陷入困境，会焦虑它脱离自己的掌控。当把握不好它和自己的距离时，人便会感到愤怒，进而侵犯或无视它。

　　自己的孩子深陷泥沼，正在呼救，你看见了吗？

第 2 章
父母的身份认知

不去看，自然就无法知道孩子正处于困境之中；不去听，自然就听不到孩子声嘶力竭的求救声。即便看到了、听见了，那时你又将如何做？

我常说，父母要做的事是"不过分满足孩子的欲望"和"设定界限"。如果父母做不到这两点，过度保护孩子的话，那么孩子就学不会限制自己的欲念。欲念包含想和他人变亲密、想去支配他人等等。如果对欲念的把控不到位，孩子进入外面的世界后是要吃苦头的。

比如，当孩子不愿上学时，父亲应该如何应对？大部分家长把父母职责中的重要部分（设定界限）推给学校和老师，所以他们希望校方和老师尽力解决；当效果不佳时，他们又寄希望于精神科医生或心理咨询师等专业人士。

但是，这原本就该是父母需要费心思解决的事，之前父亲一直将孩子扔给母亲管，也是时候轮到父亲出面了。父亲可以试着从和母亲不同的角度出发，问

情感依赖
· 摆脱以爱为名的温柔暴力 ·

出孩子的真实想法。仅仅应母亲请求而强迫孩子去学校或联系学校等，是远远不够的。

很多孩子不愿去上学可能是由于身体不适，家长可以耐心地询问情况，必要时带孩子去医院看看。一旦孩子出现暴力行为，必须让母亲暂时回避。也可以去参加遇到同样情况的家庭间的交流会，试着聊一聊。不要被孩子的言行打乱节奏，平心静气地把孩子这只漂浮不定的小船拉回岸边。为此，父母必须在一定距离之外关注孩子的举动。

人会被自己创造出的事物束缚,有时还会被其背叛。

缺乏底线会诱发孩子行为出格

父亲的第一职责是守护母子不受外界侵扰，如同修建屋顶、墙壁一样，画出家庭界限，明确"这里就是我们的家"。在这里，母子可以安全生活，这里的"屋顶"和"墙壁"可以让母亲安心怀抱孩子。很多时候，主要是母亲在抱孩子，但其实父亲也有责任抱孩子。所以，当孩子夜半哭泣时，如果父亲说出类似"吵死了，让他别哭了"这种话，这样的父亲是不称职的。这个时候，父亲应该自己抱着孩子出去转转，让母亲安心歇息。

对妻子的育儿方式指手画脚，批评妻子的做法，说些"我母亲是这样做的""你做得不对"之类的话，

第 2 章
父母的身份认知

都不可取。这样的父亲明明自己做得不好,却自认为是"好爸爸",这真是天大的误会。如果父亲净做些站着说话不腰疼的事,只会招来母亲的厌烦。如果父亲能注意到这些,好好地从抱孩子开始做起,那么他才能履行身为父亲的第二职责——"给孩子设定界限"。父亲在给孩子设定界限时,必须注意不能打破母亲设定的界限。比如,如果母亲说了"不可以挑食",父亲就不能说"不爱吃也可以不吃",诸如此类。因为如果父母二人设定的界限相悖,孩子就会感到混乱。这种时候,即便孩子说不喜欢,即使夫妻关系不和睦,父亲也要支持母亲。

如果父母没有给孩子设定明确的界限,在这样的环境下成长的孩子,首先会开始挑衅父母。做到哪一步父母会出言制止?做到哪一步会挨训?孩子的试探会一步步升级。当父母被逼急了,对孩子狠狠斥责时,孩子看到了"父母的底线",却并不明白这就是这件事的底线。孩子进而会认为这样的父母不行,一

情感依赖
· 摆脱以爱为名的温柔暴力 ·

种自己打败了父母的感觉油然而生。接着，孩子便会去寻求幻想中的父母给自己设定的界限，开始挑衅社会，做出一些如偷盗、恐吓、欺凌等反社会行为，即越轨行为。而这就是孩子在渴望惩罚，为了防止孩子出现这样的行为，必须在孩子小时候就给他设定界限，而这往往是父亲该做的事。

所谓的出格行为,其实是一种渴求父母的行为。

第 **3** 章

不幸家庭的亲子关系

当一个孩子选择回避、忽视或否定自己内心的感受、舍弃自己的需求时，会无法体察自己的情感，丧失爱和共情能力。他们在这样的情况下长大成人、结婚生子，使得"温柔暴力"代代传递下去。

发挥安全基地功能的家庭

在发挥安全基地功能的家庭里，孩子可以开开心心地学习社会性行为。在这样的家庭中，孩子可以畅所欲言，心中有疑问时直接问大人。在用语言表达自己所见所感的过程中，孩子的心灵会得到成长。

反之，在功能失调的家庭里，家庭成员被非常严格的规则和秘密所束缚。比如，父亲患有酒精依赖症，那么家里便很可能会将之作为家庭内部秘密，不让外人知道，这样也就没办法邀请朋友来家里，所以功能失调的家庭往往拒人于门外。在这样的家庭里，孩子常常无视自己看到的、感受到的。其结果是，家里弥漫着怪异的氛围，让人觉得说话都会产生一种罪

第 3 章
不幸家庭的亲子关系

恶感。

就拿夫妻吵架来举例。假设在客厅里，夫妇俩正在吵架，母亲大发雷霆，一怒之下将盘子扔了出去，盘子"啪"的一声落地即碎。父亲也怒不可遏，"砰"的一声摔门而出。父母的怒吼声、盘子摔碎的声音，以及父亲摔门的声音迭起，孩子在自己房间里听到这一切，吓蒙了。

但这种事时常发生。近来，日本明确"当着孩子的面吵架等暴力行为相当于对孩子进行精神上的虐待"，这似乎营造出了一种夫妻不能吵架的氛围。其实，"夫妻吵架会造成家庭功能失调""夫妻吵架会给孩子造成巨大的心理阴影"等说法也不准确，关键在于吵架之后父母如何处理。吓蒙的孩子稍微回神了，为了消除内心的不安，会跑来客厅确认情况。如果是功能健全的家庭，母亲会将一脸不安的孩子搂入怀里，温声细语地安慰："别怕，对不起。妈妈也是气急了，现在已经没事了。爸爸过一会儿也就回来了。"

情感依赖
· 摆脱以爱为名的温柔暴力 ·

第二天早上,父亲坐下用餐前,笑着吐槽:"孩子他妈,你昨天做得真有点儿过了,竟然摔盘子。"孩子看到父母和以往一样和和睦睦地相处,便也放心了。孩子也会认识到两个人关系再好也会吵架,即便吵架了,日常生活的世界也不会就此崩塌。从冲击到治愈,孩子也积累了一份体验。如果孩子能在这样的家庭环境下成长,那么他不会去否定自己、否定世界,从而能够快乐地长大。

刚出生的婴儿对一切都懵懵无知,育儿本就是一项守护他们开开心心地学会社会性行为的工作。

根深蒂固的家庭意识

我长期与丈夫患有酒精依赖症的家庭打交道,亲眼看到了这样的家庭里的孩子的生活状况。我从中感受到的是"家庭并非世人所说的那样温暖、亲密无间""并非少了家庭就活不下去"。有很多人过于执着于维系家庭,抑制自我的需求,扼杀自己的情感,最终走向自我崩溃的深渊。自古以来就有很多歌颂和维护家族尊严的声音,但鲜少有人提及家庭里潜藏的黑暗,那里充斥着在家庭中处于弱势地位的女人和孩子的呐喊。

孩子的生存离不开父母(或是代行父母职责的人)。无论被父母如何虐待、如何利用,孩子还是离

第 3 章
不幸家庭的亲子关系

不开父母,继续依赖父母,因此受到更多伤害。即便如此,孩子也不得不依赖父母,否则没办法生存。在这种情况下,真实地面对自己内心的感受是没办法活下去的。所以,孩子选择舍弃自己的需求,优先满足他人(父母)的需求。就这样,孩子变成了毫无感情的机器人。

没有感情的机器人长大后终究还是会选择与同类结婚。他们没有爱和共情能力,欠缺理解和满足孩子情感需求的方法,在这样的情况下迎来孩子、养育孩子,最终有可能会成为不合格的父母。

要是问他们"为什么要选择这样毁灭性的人生呢",他们多半会回答"因为孤单"吧。真实原因却是,不少人因为父母、世人、社会期待他们到了一定年纪就结婚,所以不得已选择了结婚。

这样的夫妻和孩子构成的家庭是法律所定义的家庭,日本法律只承认这种形态的家庭。这以外的家庭形态(比如未婚妈妈和孩子)不受法律保护。"夫妻

情感依赖

· 摆脱以爱为名的温柔暴力 ·

与他们血脉相连的孩子所构成的家庭"被视为家庭，如果不成家，不成为家庭中的一员，就不是"健全"的人。这种家庭意识超越了家庭形态，规定着我们的生活方式。比如，在现在的日本，夫妻中负责挣钱的主要还是丈夫。丈夫不管心里怎么想，都必须守护妻子和孩子。另一方面，妻子被赋予责任——掌管家中大小事务、生育子女。就这样，我们遵从根深蒂固的家庭意识而择偶成家，生育下一代。

很多人为了成家,在不那么对的时间里和怎么看都不适合的人结婚,其中不少已经育有子女。

不幸的亲子关系重复上演

　　心里明白有些东西不好，最好停手，但还是屈服于自己的欲望，不由自主地染上这些东西，我们把这样的行为称为"上瘾"（addiction）。"上瘾"原本是指依赖会对人体产生一些影响的精神活性物质，如酒精、药物、香烟等，近来也开始用来形容赌博、暴饮暴食、购物等行为，以及沉浸于暴力支配的情侣、依赖酒精的丈夫和无法离开他的妻子等人际关系。

　　在很多上瘾型人际关系中，暴力如同强力黏合剂一般发挥作用。受虐的妻子被施虐的丈夫百般折磨，却离不开丈夫。丈夫的暴力时而越过妻子殃及孩子，但多数受虐的妻子无法阻止这一切。不，别说是阻止

第 3 章
不幸家庭的亲子关系

了,有些受虐的妻子自己还会虐待孩子。在这些虐待孩子的父母中,不少人自己在童年时也遭受了虐待。像这样虐待儿童的行为,至少有一部分是不由自主的冲动行为,也就是虽然想停止,但自己没办法控制的一种上瘾行为。

有一位母亲想要珍惜自己和孩子的关系,却总是无法控制涌上心头的愤怒。她总是责骂这样的自己"不是人",努力地去疼爱孩子,可在下一个瞬间又失控,虐待孩子。像这样永无止境的不幸的亲子关系,也是一种上瘾型人际关系。

虐待孩子的父母大多都没怎么得到过自己父母的拥抱,并且自我贬低,不善于人际交往,多少有些因被社会孤立而发愁。他们在择偶时会想找"和父母不同,能理解和拥抱自己的人",在结婚时会在心底发誓"要构建和自己的原生家庭不同的、充满欢声笑语的家庭"。

实际上,他们选择在一起的人往往是和对自己动

情感依赖
· 摆脱以爱为名的温柔暴力 ·

手的父亲一样有控制欲的男性，或者是和只在意面子的母亲一样，在意他人眼光的女性。他们生下孩子后，会不知不觉用过去父母施加在自己身上的那一套来虐待孩子，夫妻关系仅维持表面的体面，实则冰冷。

男女择偶阶段失误,出现多米诺骨牌效应。最终,自己的新生家庭变得同原生家庭一样凄惨。

"内在小孩"是自我认同的核心

在功能不全的家庭中长大的人，很多都会在生活上面临各种各样的艰辛，出现各种各样的症状，从而无法工作。"成人孩子"的自我发现与对父母的愤怒的觉醒息息相关。他们在认识到自己面临的艰辛以及出现的症状时，会发现这与自己所在的家庭、自己和父母的关系相关。因此，不少人对"成人孩子"的理解仅仅停留于表层，认为"'成人孩子'把自己的问题全部归咎于父母。老大不小了，却还像个孩子""'成人孩子'等同于巨婴"。

这种单一化的认知并不可取，但又确实不能说"成人孩子"和"大人""孩子""自立""成长"毫无关系。对于"成人孩子"而言，"童性"是自我认

第 3 章
不幸家庭的亲子关系

同的核心。所有人的自我中都有一个"内在小孩"(inner child),陪伴我们度过自己的孩提时代,现在也存在于自我之中。它并不单单是孩子气的部分,也不是长大后必须割舍的部分。无论是谁,都要确保自己的"内在小孩"在自我中受到珍视和关爱,焕发生命力。

非要说"成人孩子"是"没长大的人"的话,那也是"成人孩子"的自我中"大人"部分和"内在小孩"部分未能达成和解。孩提时代和父母的,以及组成家庭后和家人的、充满暴力的、压抑的关系投射在自我中的"内在小孩"的部分上。更为棘手的是,现在的社会认为"为了让孩子实现经济独立、适应社会,需要早早地将他们培育成人"。这造成了人们的一种误解,认为压抑"内在小孩"是长大成人的必要磨炼。然而,只有做到原原本本地接受"内在小孩",人才能成长。关于"成人孩子"以及"内在小孩"的认知,将为我们思考社会中的成人观,以及理解每个人的成长提供新的视角。

好好培育『内在小孩』,
我们才能成为『大人』。

孩子有了秘密，才能学会独立

进入青春期，孩子开始变得独立，有了一个父母不知道的"口袋"，用来存放自己的秘密。

这个"口袋"里最核心的东西便是性。"口袋"里渐渐地塞满了性欲和伴随性欲产生的行为，它们塑造着孩子的自我，促使孩子独立。所以，这个存放秘密的"口袋"非常重要。有人说"孩子背着父母有自己的秘密可不好"，这其实是一个很大的误解。

有这样误解的人认为"孩子要是有了自己的秘密，不知道背地里会做些什么""孩子可能会输给自己的性欲"等。但是，如果在孩子小时候就让其知道性的真实存在，他们所担心的事是不会发生的。

如果孩子有自信，相信"自己被父母接纳""自己和世人没什么不同"，他就能够认识到秘密"口袋"中的性欲也是自己的一部分，并直面它。这样一来，孩子便能很好地控制欲望，而不是被它打倒、被它左右。只要孩子能做到这一点，他就能够形成健全的人格，不会割舍自己。

自己的一部分是肮脏的、让人厌恶的，必须舍弃——如果孩子在童年时接受了这样的教育，情况就会截然不同。被舍弃的"黑暗部分"会形成另一重人格，妨碍人格的统一，我们称之为分裂，隐藏于暗处的部分形成独立的人格，继而出现显性人格和隐性人格。

这样的人容易陷入妄想，因为他会将隐藏于暗处的部分投射于外界，认为周围的人可能会加害自己。这类人动不动就曲解身边人的言行，陷入自己的妄想之中。

又或者，这类人会变成笨拙无能的人，轻视或无

第 3 章
不幸家庭的亲子关系

视自己不擅长的事,认为它无足轻重。因为如果不这样做的话,由于对不擅长的事束手无策,"无用的自己"的黑影会玷污"好的自己"。他们不去适应现实,不善于人际交往,古板又固执己见,相信只有自己是对的。

孩子独立，可以说是孩子有了存放自己秘密的『口袋』。

为何会对喜欢的人施加暴力？

　　假设你丈夫是个温柔的人。一旦对方温柔，你就有很多对他发泄不满的机会。然而，这些不满最终都得不到解决。你越是一个劲儿地说，丈夫越是倾听，不满的火舌就越是蹿得高、烧得旺。所以，和温柔的人一起过日子，反而容易以离婚收场。

　　在一段婚姻中，如果妻子是个温柔的人，丈夫就会放心地在妻子面前退行，这也会引起各种问题。夫妻关系中，无论是妻子还是丈夫若有暴力倾向，只要其中有一方温柔，便会助长另一方的暴力倾向。

　　举一个典型例子。一位妻子28岁，丈夫比她大一岁，在这段夫妻关系中，妻子有暴力倾向。妻子因

情感依赖
· 摆脱以爱为名的温柔暴力 ·

为"太害怕了,没办法生孩子,无论如何都想要控制体内的暴力因子"而来找我咨询。

妻子的原生家庭充斥着暴力。她的家庭有不少地租给了别人,经济上颇为富足,却是个十足的暴力家庭。其中,最无可救药的是她的父亲。家人以他为耻,在外面鲜少提及此人。

通过这个例子,我们能够清晰地看到成长环境对一个人有多大影响。妻子在这样的家庭环境中长大,终究还是对自己喜欢的人挥拳相向。妻子有一个妹妹,"明明觉得妹妹很可爱,却一直对妹妹施加暴力",妹妹渐渐地不再靠近这个家。据说妻子小时候还曾经有过两个好友,但她也一直欺负好友,导致好友们都离她而去。

结婚之后,她便开始对身边最亲近、最重要的人——她的丈夫动粗。"你就是最差劲的男人!"恶毒的话一句接着一句地从她嘴里吐出来。她完全分不清孰是孰非,彻底丧失理智。即便如此,她还是

第3章
不幸家庭的亲子关系

说"如果丈夫死了,她也活不了",拖着疲惫的身体回家的丈夫说一句"头疼"都让她担心得不行,害怕"他不会是要死了吧"。

这对夫妻的生活状况真是骇人听闻,尤其是丈夫竟然能和这样的妻子待在一起,这位丈夫的忍耐力和温柔让人震惊。但更让我诧异的是,这对夫妻表面上过着再平凡不过的社会生活。

使用『温柔』一词太过粉饰，因为判断温柔与否的标准是能否接受伤害和不满，并且没有底线。

第**4**章

无法按自己的意愿而活

很多人认为"不做个靠谱的大人，就会被别人抛弃"，这样的人的自我评价很低，极度恐惧遭到他人批评，否认或隐藏原本的自己，这种想法还会引起社交恐惧。他们的行为准则通常是基于自己能在多大程度上回应别人的要求，而不是自己想做什么。

想和大家保持一致的趋同心理

关系成瘾并非日本社会独有的现象，但日本社会却对其过于纵容，导致日本的孩子在"关系成瘾""隐形虐待"和"温柔暴力"之中成长。因此，日本的孩子鲜少会有明显的暴力、越轨等行为。从某种意义上来说，这或许是值得高兴的事，但不能因此就说日本社会健全。又比如，美国社会会发生暴力事件，但不能因此就说它是病态的，毕竟美国是世界上最早开始正视封闭家庭里大人对孩子施暴、男人对女人施暴、性虐待等问题的国家之一。每个国家都是在不同的历史和文化背景下成立的，通过简单的对比来得出哪一个更健全或更病态的结论，这本身就荒谬至极。

第 4 章
无法按自己的意愿而活

在这种文化氛围笼罩的社会中,本质问题被忽略,只要维持表面风平浪静就被认为是健全的。许多人在意他人的眼光,始终谨小慎微,揣摩别人的期待并做到与之契合,过着"虚假的人生"。谁也不会发现这件事,因为大家都把愤怒藏在内心深处,戴上微笑面具、好人面具,无视最重要的东西——自己的情感。

关系成瘾症患者活在自己和他人界限模糊的世界观中,他们都有以自我为中心型的病态心理,无法清楚区分他人和自己的情感,对方的沉默和不悦等都会引发他们的不安。因为他们会觉得"是不是因为自己不小心做错了什么事""是不是自己本来就有缺陷"。就像心理还没成熟的幼儿会认为"因为自己是个坏孩子,所以爸爸妈妈才离婚了",他们会认为"身边发生的事全都是自己的责任"。成年的关系成瘾症患者在周围人情绪波动的裹挟中忐忑生存。

认为「身边发生的事全都是自己的责任」，这是一种以自我为中心的病态心理。

关系成瘾：为他人所需的需要

"关系成瘾"一词源于酒精依赖症的临床医学。

在此之前，美国的司法制度视醉酒为犯罪，对醉酒者进行审判，甚至将其关进监狱。但这样的司法制度出现了经济上的破绽，无奈之下，美国于1970年出台《酒精滥用和酒精依赖症防治及康复综合法案》[1]，揭下酗酒者身上的"犯人"标签，取而代之，贴上"病人"这个新标签，并将之转交医疗机构。

与此同时，人们发现酒精依赖症患者（alcoholic）

---

[1] 法案原名为 *The Comprehensive Alcohol Abuse and Alcoholism Prevention, Treatment and Rehabilitation Act*。

的配偶们（主要是妻子）完全没有自我，总是在说丈夫嗜酒成瘾的事。心理咨询师给她们贴上"同行酒精成瘾"（co-alcoholism）的标签，最终演化为更为贴切的表述——"关系成瘾"（co-dependency）。

关系成瘾的核心是"为他人所需的需要"这种自我中心性。关系成瘾症患者自我评价低，因此他们极度恐惧遭到他人批评，否认或隐藏原本的自己。在不舒心的婚姻生活中绷紧弦的女性，无法诚实地面对自己的感受，而选择将它封存起来。即便她们想过要脱离这段不舒心的关系，但也因为担心被他人议论而不了了之，放弃对自己的责任。

这样的人同样要求别人做事要顾虑其他人，她们要求别人感谢自己的所作所为，即便有些许问题也不拿出来说，保证一切都在自己的控制范围内。这种控制类型在亲子关系这种上下关系中表现得非常明显，却被与关系成瘾十分相似的亲密性这一表象所包裹和遮掩住了。

关系成瘾容易让我们放弃"对自己的责任"。

在意他人评价，忽略自我

说到家庭中丈夫或父亲的问题时，日本男性工作成瘾的一面便浮现在我的脑海中。在日本，"男性"和"工作"互为表里，我们无法撇开工作问题去思考丈夫或父亲的问题。

日本男性大多工作成瘾，可以说是工作狂，工作在其生活中排第一，也想象不出他们在工作场景之外的画面。然而，他们本人却没有注意到这一点，因为身边其他男性都一样，基本上大家在公司都全身心投入工作，没有人会感到空虚。他们感觉这样的状态很不错，自我沉醉其中，可能压根儿没想过自己是工作成瘾症，即所谓的工作狂。这种工作狂是"'像个男

第4章
无法按自己的意愿而活

人样'病"的典型代表。

"'像个男人样'病"与"'像个女人样'病""'像个孩子样'病"一样，同属于"像样病"。所谓"像样病"，一般来说是指把社会要求的标准，而不是把自己的标准摆在第一位，也就是在优先满足社会要求的男性标准的过程中，深陷其中不可自拔的"病"。对"像个男人样"的执着，可以说是希望被他人认可的执念。日本很多男性活在由工作、生产率构成基准的"'像个男人样'病"的支配之下。

日本典型的工作狂与自愿勤恳工作的人还是有些不一样的，他们过于在乎他人的评价，不能充分地进行有个性的自我表达，他们在意的是集体对自己有什么样的期待，自己又能否回应这份期待。因此，他们总是害怕给他人添麻烦，努力不辜负领导的期望，放不下工作。我看过一些"过劳死"的相关报告，报告中的这些男性傻傻地工作着，让人不禁潸然泪下。他们并不是抱着希望在和他人的竞争中取胜等诸如此类

情感依赖

· 摆脱以爱为名的温柔暴力 ·

的目的,而是由于过于恐惧被充满温暖和让人安心的职场驱逐,导致自己因工作过度而倒下。在日本社会,学会"凡事想着别人的看法"才能生存,对于这一点,人们都心知肚明,所以大家都极力避免被人排挤。于是,日本社会才变成了现在这样,充满协调性,又处处充斥着令人窒息的限制。

一些关系成瘾的人,害怕在竞争社会中掉队,怀揣诸多不安,很少有主见。

社交恐惧症是一种"现代病"

现代人的"病",说是社交恐惧症(一种很难对别人敞开心扉的病)也不为过。越来越多的人无法和他人保持亲密关系。母子也好,母女也罢,有越来越多的孩子和母亲关系过度亲密。我认为社交恐惧症患者的增加与孩子跟母亲关系过度亲密这两者之间呈正相关。在"密友型亲子关系"下的父子也有这样的倾向,因为这样的父子在同质亲子关系圈中抱团,他们排斥来自圈外的异质交往。在男孩进入青春期、开始腻烦母亲时,温柔的父亲便代行起母亲的职能,这样一来,就妨碍了孩子的成熟。孩子在认识他人的阶段,首先会创造一个密友圈子["chum"(朋友,伙

第 4 章
无法按自己的意愿而活

伴)],也就是相似之人的集体,排斥相异之人。这种密友圈子注重均质性,时间长的从小学持续到中学。进入青春期后期,孩子会创造出由相异之人构成的同辈圈子["peer"(同辈)],这个圈子则是享受彼此的不同。

  这一过程便是人的成熟。从上述区分来看,"密友型亲子关系"是属于封闭的、同质性高的密友圈子。如果孩子在这样的圈子里觉得舒服、安稳,那么即便是进入青春期也培养不出能力去享受在圈外和相异之人的相遇。在这种情况下,如果父亲交友广泛,三五好友不时来家里做客,倒也还好。但是,容易和孩子变成密友的父亲,一般除了单位同事外也没什么朋友。在这样的父亲身边长大,儿子会成为一个温柔、温暖、稳重的人。他们也和很多女孩有着些许联系,但也仅此而已,绝不会有更进一步的关系。在他们暖男般的外表之下,深藏着对相异之人的警惕——对他人的不信任。他们即使结了婚,也很难和妻子建

情感依赖
· 摆脱以爱为名的温柔暴力 ·

立亲密关系。成为他们妻子的女性，刚开始还很开心自己有个温柔的丈夫，但渐渐地，她们就会因为无法和丈夫交心而被凄凉的孤独感所吞噬。

现在的城市生活推动了这类家庭的形成。在邻里毫无交流的城市里，大家以家庭为单位抱团，一个个家庭没有横向联系，仿佛沙子一般散落在各地，各自打造自己的家庭集体圈子，不存在一个可以允许家庭成员在一定程度上时而进入、时而离开的开放型圈子。在这样的封闭环境中生活，产生社交恐惧症也不足为奇。

很多城市家庭有一个共同点：社交恐惧症。

用回应需求来塑造自信

对我们来说，作为活下去的动力，最重要的事是确信"母亲和父亲（或扮演父母角色的人）非常需要自己"，也就是来自父母的认可——"我是被需要的""我是在大家的期盼中出生的"……这些认可塑造着"我能行"的自信。

与之相反，认为自己没有得到父母认可的想法会影响一个人的自我评价，伤害他的自尊心，让他没有"我可以活着""我可以做到"的自信，使得支撑漫长人生的"活着的力量"遭到削弱。

"我活着是理所当然的""大家都因我活着而受

第 4 章
无法按自己的意愿而活

惠""我就是大家的太阳"等,如果时刻表现出这种想法,也有点奇怪。然而,如果人在内心深处没有这种想法,活着这件事就会变得艰难。"成人孩子"就是缺乏这种想法,总是对自己做的事没有自信。他们担心被别人说三道四,怀疑自己是否可以活在这个世上,自我评价极低,缺乏自信和自尊。

别人会怎么想自己、自己做的事对不对等,"成人孩子"总是时刻在意别人的眼光。他们仿佛在心里安装了一个摄像头,时刻监视自己的一言一行。

近来,这种类型的人大量增加。他们的行为准则通常是基于自己能在多大程度上回应别人的要求,而不是自己想做什么。

我在前面提到过,"成人孩子"原本是用来指代患有酒精依赖症的父母的孩子,但现在,它的使用范围更广泛了。它既不是病症名,也不是医学专业用词,而是人们的一种自我认知和自我觉醒,他们试图

情感依赖
· 摆脱以爱为名的温柔暴力 ·

努力按照自己的方式去了解自己艰难生存的原因。

这种发现也是一种希望,认识到自己是"成人孩子",这本身就包含着"摆脱这种状态"的努力。

人内心深处要有类似『我是天选之人』的自信才行。

无法按自己的意愿而活

"幸存"一词对"成人孩子"而言有着特殊意义。例如，对父母患有酒精依赖症的家庭的孩子而言，"幸存"是指自己没有走上父母的老路——依赖上酒精，和酒精依赖症患者结婚等。然而，这很难做到，我们从下面这组数字便能看出来。被诊断为酒精依赖症而住院的男性患者中，每两人中就有一人的父亲患有酒精依赖症，他们的妻子中，每四人中就有一人的父亲患有酒精依赖症。

住院的酒精依赖症患者们也并不是从小开始便想着"长大了要嗜酒成性"，他们往往立志"不要成为父母那样的人"，却在不经意间发现自己已经陷入和父亲一样的生活模式。成为酒精依赖症患者妻子的女

第 4 章
无法按自己的意愿而活

性就更非本愿了,她们大抵从小就被教导"千万不要活成母亲这样",却在不知不觉中成为酒精依赖症患者的妻子,踏上了和母亲一模一样的人生道路。

如果这群人没有患上酒精依赖症或是成为酒精依赖症患者的妻子,那么可否说是"幸存下来了"呢?也不能这样断定,因为这其中真的困难重重。一位近60岁的男性曾这样说道:"我这辈子都是想着'绝对不要活成父亲那样',拼命挣扎过来的。到了这个年纪,我想自己和父亲唯一的不同之处在于,父亲死于酒精,而我可能不会。"(摘自《我不会成为父母那样》❶,克劳迪娅·布莱克 著)

他说,除了没学父亲饮酒外,自己的生活方式、价值观,尤其是与人相处的方式和父亲一脉相承。

即便没有酒精成瘾,也没有和患有酒精依赖症的人结婚,如果一个人只为他人(父母)而活,找不到

---

❶ 原书名为 It Will Never Happen to Me。

情感依赖
· 摆脱以爱为名的温柔暴力 ·

自己生存的乐趣，就不能说是"幸存"。"成人孩子"之所以大多沿着"好孩子"的轨迹长大，是因为他们很难按照自己的需求和意愿而活。

他们中的不少人觉得，不为他人贡献些什么就活不下去，从而选择一辈子从事照顾别人的工作，如医生、护士、社会工作者、心理咨询师等。

『幸存』含有『为了自己而活』之意,不是为了酒和丈夫而活。

通过醉酒来找回自我

患有酒精依赖症的人常因依赖和自律产生特殊的纠结，他们的依赖性和自律性是被分隔开的，彼此之间毫无交集。他们像是一种双重人格的患者，喝醉时，变成依赖性强、以自我为中心的孩子；清醒时，态度陡转，过度强调自律。他们清醒时否认自身的依赖性，保持自律的同时，夸大自我。他们希望做个"靠谱的大人"，却努力过头，原因在于他们认为"不做个靠谱的大人，就会被别人抛弃"，然而这种想法又会引起社交恐惧，导致他们时刻在意他人的评价，为了不被他人指指点点，一言一行都小心翼翼，希望被人需要。

第4章
无法按自己的意愿而活

　　清醒时的酒精依赖症患者身上显现的人际交往障碍，其实源自他和父母的关系：第一，来自父母中一方甚至双方的否定；第二，过度保护；第三，因父母缺位或无力导致父母职责被强制行使（代替行使）。这些都会引起孩子产生未被满足的依赖欲望，以及被抛弃的不安，甚至导致孩子为了保护这样下去会濒临崩溃的内心，从而自律过头，过于彰显自己。清醒时占据脑海的"必须做个优秀的人"这种强硬、略带惩罚意味的想法，会在酒精带来的醉意中消失。通过醉酒，他们首次体验到"重归原本的自我"，有了生存不可或缺的心理力量——"自己可以存在于这个世上"，而这原本应该是他们在婴儿时期从父母那里汲取的力量。

　　酩酊大醉带来两方面有关力量的幻想：一是万能感，以自我为中心制定世界的秩序，并随心所欲地支配一切；二是一体感，消除对"外界"和"自我"的划分，与他人相互共鸣。这两种都是退行的、婴儿式的交往方式。

酒精依赖症患者经常期待来自他人的共鸣，但在清醒时的交往中，他们的这份期待往往会落空。他们会因此产生不安和愤怒，进而通过否认和分裂来消除这些不安和愤怒，在这个过程中，诞生了他们独特的"尖锐"（过分强调个性，炫耀自己的力量）和"努力"（过度适应的态度和轻度狂躁症）。

醉酒是一种退行。

醉酒频率与性别意识

醉酒行为具备一项功能，即保护压抑着的濒临崩溃的自己。因此，当人们为自我出现危险裂缝而苦恼时，便会寻求一醉方休。然而，酩酊大醉容易过度填补自我的裂缝，反而使裂缝暴露于人前。清醒时人们小心翼翼，没办法表达自己的情绪；醉酒后陡然变得盛气凌人，想到什么就说什么，我行我素。总的来说，男性比女性更容易在醉酒后出现上述行为。反过来说，或许这就是一些男性的通病。

可以通过酩酊大醉来凸显和填补男性气势，这一事实已经在文化人类学和心理学领域得到一些证明。这也可以得出一个结论：男性通过饮酒来追求男性力

第 4 章
无法按自己的意愿而活

量。在很多场合下,男性被周围人要求"做个男人"(更准确地说,是男性认为周围人要求他们"做个男人"),为此,他们需要通过饮酒来弥补"某种心理力量"的不足。越是缺少这种心理力量的男性,就越需要过度地显摆男性特质,所以,对他们而言,必须大量饮酒,在醉意中变强大。

那么,女性在这方面又是怎样的呢?有关女性饮酒的一些实验结果显示,她们和男性刚好相反。女性会通过酩酊大醉来远离力量幻想和自我主张,由此被动地发挥女性特质。这里产生了一个假说:经常喝酒的女性会不会希望自己比平时更有女性魅力?健康的男女在适度饮酒后交流时,男性的举止更有男性魅力,而女性的举止也更有女性魅力,这在日常酒会上经常能看到。但是也有一部分女性有很强的通过大量饮酒寻求力量的倾向,她们在生活中也强烈地主张自我。当我们把目光聚集在她们身上时,又能得出其他假说。这样的女性对自己拥有的女性特质感到纠结或

情感依赖
· 摆脱以爱为名的温柔暴力 ·

者不适，饮酒可以让其暂时摆脱这种性别特质。

无论如何，醉酒的频次及程度都与"男人味""女人味"等性别意识问题相关。

经常喝醉的男性,其『力量』极其不足且差劲。

第 5 章

"跌落谷底"是改变的起点

要想恢复心理健康,跌落谷底十分重要。抑郁、孤独、不安、烦恼,这些都是我们在面对糟糕状况时所产生的正常反应,这和淋雨后会发烧如出一辙。通过抑郁、孤独、不安、烦恼而跌落到人生的谷底,人就不得不改变一直以来的行事风格、人生观和价值观。而后,这看似绝望的谷底则会成为转折点,人也会由此开始恢复健康并收获成长。

抑郁有时是心理健康的证明

"人生就是这么回事儿，这样也挺好嘛"，说这话的人不会来找我咨询；一边想着"这样下去可不行""必须做点儿什么"，一边又想"我自己能解决"的人也不会来。来我这里咨询的人会觉得自己是被"恶物"缠身，迫不得已才导致了当下的困境。所谓"恶物"，古时一般指恶灵或诅咒，而在当今社会，则指心理疾病。然而，在此无须冠以"疾病"一词。虽说我偶尔也会为了方便而使用这个词，但我心里并不这么认为。

一旦认为自己是在从事精神障碍相关的诊疗工作，事情就会变味儿。"抑郁症"也好，"适应障碍

第 5 章
"跌落谷底"是改变的起点

症"也好,这些病症名在图方便的时候都可以信手拈来。但凡由于压力等原因产生心结,都可以说成是"适应障碍症",只要贴上这个病症名,什么问题都能说得通。

通常,坐在我面前的人并没有精神性的障碍。虽然他们中的一部分人觉得自己多少有些忧郁,或是很难打起精神,但当我询问为什么出现这种状况时,我发现他们通常都是遇上了一些让人难免如此的困难。

比如,有的人因囊中羞涩而无法实现梦想,选择寻求父母的资助,却被父母大骂"你都多大了,怎么好意思要钱"。再比如,有的人是因为恋爱不顺,而有的人则是因为高考落榜。如果遭受到上述打击后依然能兴高采烈的话,反倒有些不正常吧。正因为处于令人沮丧的境遇之中,所以只要维持无精打采的样子就好。此时,抑郁恰恰是健康的证明,所以大可尽情抑郁。

这种抑郁并非心理障碍,而是健康的证明,是我

情感依赖
· 摆脱以爱为名的温柔暴力 ·

们的情绪在面对糟糕状况时所产生的正常反应，这和淋雨后会发烧如出一辙。诚然，有些人在抑郁后，判断多少会出现偏差，但基本上不会太离谱。比如，要是问他"现在是白天还是晚上"，他都能准确回答，这说明对时间的判断没问题。再比如，要是问他"这是哪里"，他也基本上都能答对，证明对空间的判断也没问题。只要能掌握这些基本信息，日常生活就不会有太大问题。所以，请安心地无精打采吧。

生活中,很多时候,无精打采刚刚好。

孤独和不安是人的正常状态

承认自己是"成人孩子"与不承认自己是"成人孩子",这两者相比,要说谁活得更轻松,那一定是前者。因为前者既能解释自己当下的行为,又能明确自己未来的发展方向。"成人孩子"一词的诞生原本也不是为了谴责父母,而是在思考"自己为什么会有这样或那样的言谈举止"时,为我们提供可供分析的工具。

"成人孩子"有一大特征,他们会过分在意自己是否为他人所接纳。他们因为缺乏自信,深感孤独,所以必须确认自己是否被周围人接纳,否则便会惶惶不安。

"成人孩子"一词的另一个作用,是帮助我们思

第 5 章
"跌落谷底"是改变的起点

考将来应当如何生存。如果一直局限于诉说过去孤独的经历，那可算不上是有效利用"成人孩子"一词。一旦明白自己是害怕孤独的人，就要开始思考在今后的人生中，如何避免让自己陷入孤独，并付诸实践。

人们之所以会在之后采取错误的行动，是因为误解了孤独的问题。越是害怕孤独，就越会孤独，在痛苦的同时，内心也藏匿着不安。因为急于消除这些负面情绪，人们就会做出一些离谱的事。比如，被不安驱使，逃避本不该逃避的事；或是忧心前路，做了多余的准备，对未来感到绝望；抑或是为了排遣寂寞而沉溺于酒色。

停止这种和孤独、不安的无谓争斗吧。

如果能够了解"成人孩子"的概念，觉得"不安实属正常"，那便不会抑郁，也不必服用药物了。倘若在感到孤单时，能想到"人若是不感到孤独，那和死了别无二致，孤独正是活着的证明"，那么你会比现在活得轻松、快乐得多。

世界上只有两种人：承认自己是『成人孩子』的人与不承认自己是『成人孩子』的人。

从与他人的关系中理解人心

人们总是习惯用语言这一工具来进行交流。然而，语言既不是交流的唯一方式，也不是交流的最佳工具。相反，就像说谎一样，人们可以使用语言在交流中隐藏自己真正想表达的东西。其实，擅长操纵语言的人一直在有意无意地使用语言来编造谎言。当谎言和内心真实所想背道而驰时，就会产生一种近似于病症的"模拟式表达"问题。另外，在交流中，语言和表情往往传递着截然不同的信息。俗话说："眼睛比嘴巴更会说真话。"当一个人一边温柔地对你说着话，一边却对你怒目而视时，你就会陷入一种被称为"双重束缚"的精神折磨中。如果在无法逃离的环境中持续遭受这种双重束缚的折磨，人的精神就会面临崩溃。

美国心理学家艾伯特·梅拉比安做过一个实验，关于人在交流时通过从对方那里获取的何种信息（如情绪和态度等）来判断此人的想法。实验结果表明，谈话内容仅占判断依据的7%，而形象、肢体动作、表情等视觉信息占55%，音色、语速、说话节奏等听觉信息则占38%，可以看出，非语言性的交流实际上传递了更多的信息。

事实上，即便人们不见面、不交谈，也在时时刻刻进行着交流。比如，一个人整天把自己关在家里，足不出户，这本身也在向外界传递着一种信息。于是，周围的人，有的把他视作空气，满不在乎；有的截然相反，小心翼翼、无微不至地予以关怀。而这些都是他们对这一交流所做出的回应。

如此想来，或许可以说人或者人的心理是无法孤立存在的，必须在与他人的关系中才能被认识和理

第 5 章
"跌落谷底"是改变的起点

解。假使 A 和 B 接触后产生的心理是 ab，而 A 和 C 接触后产生的心理是 ac，那么 ab 和 ac 自然不同。我们要在理解这一问题的基础上，努力让我们内心的 ab 和 ac 相统一，而这种能力则被称为"人格统一性"。

人类是无法摆脱交流（与他人的信息传递）的生物，因为『存在』本身即是一种交流。

烦恼是一种重要的宝藏

　　人们常说："要想恢复心理健康，跌落谷底十分重要。"所谓"跌落谷底"，是指跌落到最低点。通过这一体验，人们就不得不放弃一直以来的行事风格、人生观和价值观。而后，这看似绝望的"谷底"则会成为转折点，人也会由此开始恢复健康并收获成长。

　　不同的人对"谷底"有着不同的标准。这么说或许不太严谨，但对有的人来说，这个"谷底"比较高，他会觉得还没到海底的地方就已经是最低点了；但对有的人而言，可能要穿过最低点继续坠落，才会有所察觉。

情感依赖
· 摆脱以爱为名的温柔暴力 ·

不论"谷底"是高是低,这种绝境都能够帮助到我们。当你觉得前后左右均无路可走、山穷水尽、进退维谷的时候,才最为重要。

即便觉得走投无路,也一定能找到出路。如果地上无路,那就潜入海底寻找,至少能够让你摆脱当下你所认为的困境。当然,你也可以选择飞向蓝天,虽说是飞,但我们并没有翅膀,所以只要去往更高的地方就好。前路一定会在某处显现,只要突破你所认为的困境,就会柳暗花明又一村。

总之,事物并非只有秩序和安定。混乱和无序或许也有助于建立新的秩序,也许会让我们达到一个新的认知层面,以便更好地理解一直以来习以为常的事情。

人需要烦恼。我常说:"烦恼是一种宝藏。"

出现烦恼,解决烦恼,就能找到属于自己的答案。这一答案因人而异,因此直接跑去心理医生那里索要答案并不可取。

第 5 章
"跌落谷底"是改变的起点

烦恼这一行为本身、这一过程尤为重要。如果没有烦恼,那么人就和机器人别无二致。当然,解决烦恼也绝非易事,因为你必须直面自己,必须审视那个你不愿看到、不愿了解的自己。

『这样下去就完蛋了』的困境很重要。

认识到自身的无力是重生的开始

有三类人会加重各种依赖症患者的病情。第一类是妻子和母亲,也就是家人;第二类是对依赖症患者来说重要的朋友和亲切的上司;第三类则是医生,但是通常不包含精神科医生。

这三类人都会当即缓解依赖症患者的烦恼和痛苦。母亲不忍看到自己的孩子身心受苦,就会忍不住伸出援手,然而,患者的依赖症却会因此愈发严重。如何切断援助的渠道十分重要,这就需要这三类人充分认识到自己的无能为力,不论他们多么渴望了解和关爱依赖症患者,也不论他们多么努力理解依赖症的病理机制,最终都无法让依赖症患者恢复健康。他们唯一能做的事是深刻认识到能够治好依赖症的只有患者自己,把问题归还给本人。

不断地把问题归还给依赖症患者本人,就能让本人开始意识到自己的无能为力。依赖症患者都处于一种过分自信的妄想之中,他们相信,只要自己肯下决心,问题就能迎刃而解,所以会有人觉得"戒酒?只要我想,立马就能戒掉"。而当这些人能意识到自身的无能为力时,就会迎来巨大的改变。随着不断认识自己的无能为力,依赖症患者会直面现实,开始有穷途末路之感。此时,有些人甚至会考虑死亡。但是,几乎所有人都是为了更好地活着才陷入依赖症的,所以他们也不会轻易选择死亡。

有的人会把这一时期称为依赖症患者的"谷底",但我并不这么认为。如果是酒精依赖症患者,那么真正的"谷底"倒不如说是从他们开始戒酒之后

第 5 章
"跌落谷底"是改变的起点

才出现的。本人开始想改正依赖症行为时期的名称,应当称之为"瓶颈期"。而当其熬过这段伴随死亡威胁的"瓶颈期"后,"重生"之门才会向其敞开。

摆脱依赖症无异于『重生』。

物化和控制自我的陷阱

长久以来，在备受男性压迫而催生出的女权主义者看来，父权支配乃至男性支配都是其控诉的对象。然而，即便在男性社会中，也存在各种阶级、各种障碍，也由此产生了一个个互助或是自助运动。残障人士和疾病患者发起了自助团体运动，渴望反抗世俗、彰显个性的群体也纷纷开展自助运动。像这样，各式各样的团体不断地反抗来自支配和控制系统的压迫，以便守护自己的身份。

这些声音是当自身安全受到威胁时发出的警报，仿佛在说"再这样下去，我就会被压垮"，这是一种无意识的呐喊。然而，我们却一直在尝试更好地融入

情感依赖
· 摆脱以爱为名的温柔暴力 ·

社会,也就是在试图迎合这一企图物化和控制我们的社会。因此,不少人会选择无视自己内心发出的声音。

此时,这样的人已然陷入了支配依赖症、成功依赖症和工作依赖症的陷阱。而这种被称为支配依赖症的夸张的妄想,正是进食障碍(厌食症、暴食症)和酒精依赖症的温床。

很多患有进食障碍的患者都曾在学生时代身陷成绩依赖症(成功依赖症的一种)而不停地争夺第一。当我们追溯酒精依赖症的根源时,会发现其背后是权力依赖症(支配依赖症的一种)。无论是深陷暴食和厌食的恶性循环的进食障碍,还是难以摆脱酒精的酒精依赖症,都不过是权力依赖症的演变形态而已。

人们渴望成功和权力,为了获得实现这一梦想的力量,沉溺于暴食、酗酒和滥用药物等。正因如此,为了重获不依赖酒精的生活,人们必须学会接纳"自

第 5 章
"跌落谷底"是改变的起点

身的无能为力",这正是一个可自由参加的世界性团体——匿名戒酒者协会(Alcoholics Anonymous),所提倡的康复过程十二阶段中的第一阶段。

企图控制他人的执念（支配依赖症），才是一切依赖症（癖好）的温床。

依赖症患者的谎言与真心话

"最近一点儿都不想喝酒。"说这话的酒精依赖症患者哪怕在几小时后就烂醉如泥,想必大家也不会感到吃惊,因为这种谎言对酒精成瘾人士而言是家常便饭。但是,请仔细想一想,难道他们明知这样做毫无益处,还故意说这样的话吗?我想并非如此,"不想喝酒"或许恰恰是他们当时内心真实的声音。

在我看来,他们说的话至少代表了一部分他们当时的真实心理。之所以说是一部分,是因为与此同时,他们还怀有反面的"已经戒酒好几天了,有点想喝酒"的心理。但是,他们不擅长理解这两种对立心理的共存,所以很容易忽视反面的心理,也就是所谓

情感依赖
· 摆脱以爱为名的温柔暴力 ·

的"否认防御机制"。

他们迎合现场的状况和气氛,将一部分心理作为真心话表达出来,同时否认反面的心理,这就是过度适应。因此,酒精依赖症患者进入职场后,往往比常人更加勤奋。当然,和所有的依赖症患者一样,他们存在着对自己抱有过高期望的"奢望倾向"。通常,依赖症患者会设定很高的目标,孤注一掷,放手一搏,而结局往往是以失败告终。于是,他们会责备自己和他人,重回暴饮暴食的状态。

对于心怀奢望的人而言,最痛苦的事就是被他人看轻和放弃。为了避免这种情况出现,无论如何也要粉饰自己。毕竟,和被放弃相比,撒谎算不上痛苦。

然而,另一方面,"喜欢工作"也的确是他们内心真实的一部分。但是,开始工作后,又会因为用力过猛而身心俱疲。没多久,内心另一面的声音会突然取代之前的声音,于是,他们便会出现旷工现象。

在人际交往方面也存在一样的问题,他们很容易

第 5 章
"跌落谷底"是改变的起点

迷上他人，把对方捧上神坛，无比尊敬。但是，转瞬之间，他们的态度又会发生180度大转变，全盘否定此人，并对其恶语相向。对方则会饱受折磨，筋疲力尽，变得厌恶和依赖症患者交往。

依赖症患者总是过度迎合现场气氛。

沉溺于短暂的快乐

无论是什么物品,要想形成长期使用的习惯,其使用过程必须使个体感到快乐,而依赖症使人沉溺于眼前短暂的快乐。从长远来看,追求快乐、逃避不快,这与符合自身及所属集体利益的健康习惯是相违背的。也就是说,这样的行为会导致自我毁灭,这一点迟早会显现出来。

依赖症患者并非抱着不要命的心态去使用酒精和药物。相反,正因为他们想要更好地生活,所以才沉溺于酒精和药物,他们意识不到这是一种自我毁灭的行为。为什么会出现这种情况呢?因为这种心理的背后其实是不安。他们试图逃离不安,于是紧紧抓住眼

情感依赖
· 摆脱以爱为名的温柔暴力 ·

前的快乐,这种状态便是依赖症。

从生理学上看,不安是恐惧反应的衍生物。当感受到恐惧等压力时,身体就会制造肾上腺素和去甲肾上腺素,这些物质会加快血液循环,并在肌肉内积蓄能量。我们的身体就是这样通过调整防御机制来对抗压力的。不安也是压力的一种,和面对恐惧时一样,身体面对不安时也会产生一系列反应并积蓄能量。但是与恐惧反应不同的是,不安反应通常不会伴随攻击敌人或是逃跑等行为。因此,积攒的能量就会始终在身体内,使身体保持兴奋状态。处于不安状态的人会出现心神不定、坐立不安、攥紧拳头、大量出汗、难以入眠等情况。另外,不安也会引发某些冲动行为。抑制不安的药物能够调节身体内部的化学反应,所以极度不安的人离不开它们。但是,如果只是一般程度的不安,基本上只要释放掉体内积攒的能量,情况就会有所好转。

首先,要勇敢地直面不安。如果是无须立即处

第 5 章
"跌落谷底"是改变的起点

理,或是无法立即处理的不安,可以考虑先释放掉体内积蓄的能量,比如打扫庭院、遛狗、跳舞、运动等,只要能流汗的日常活动都行。在此过程中,人的恐慌状态会有所减轻,也可以逐渐看清事物的本质。如此一来,就可以开始思考如何根除不安的源头,再把能够想到的办法按照可行性大小进行排序。如果能够做到这些,那么也就没必要对眼前的快乐紧抓不放了。

依赖症患者都渴望更好的生活。

对记忆碎片进行重组和整合

我们一直深信不疑：记忆是牢不可破的，我们拥有的记忆准确无误。然而，事实上，记忆是一种极其不确定的东西，它可以被随意重建或删减。而且，我们所记住的不过是真实内容的冰山一角。问题是，当你把如同陶器碎片一般的记忆碎片收集起来并重新组合后，会得到怎样的东西呢？曾有人来找我咨询，说他把记忆碎片粘起来后，得到的东西非常奇怪，这令他不知如何是好。

然而，如果把这奇怪的东西打碎后重新组合，就会发现新的碎片，最终会创作出惊艳的作品。看着自己的作品，你会想："这不是挺好的吗？这是属于我的东西。"如此一来，长期因被囚禁在家族神话中而深信不疑的单一的过去，就会被赋予新的意义。这是一种成长和成熟。这种对记忆碎片的重新拼接被称为"记忆的重组"，一直以来束缚着自己的家族神话和传奇，一旦瓦解并开始演变，就能由自己自主地进行重新整合，这也是我所期待达成的目标。

像这样被整理后的记忆，作为一份普通记忆被安放在记忆的陈列架上，它也会被贴上对应的标签。这样一来，当有需要的时候，就能从对应的记忆文件中取出，平时则不会受到任何影响。

相反，没有被这样整理过的记忆，叫作"创伤性记忆"，它被胡乱地堆放在架子上，或是被扔在地上。一旦遇到事情，这种记忆就会直接掉到我们头上，砸出个肿包，或是绊住我们的脚，让人扭伤。这也就是所谓的"闪回"现象和恐慌发作。如果像垃圾一般散落着的记忆碎片飘荡在房间里，就会催生出无力感和抑郁感。

第 5 章
"跌落谷底"是改变的起点

也许你会想赶紧整理它们。然而，记忆的变化和重组需要花上10年乃至20年的时间，但我们不能认为这是在浪费时间，因为无论是审视那奇怪的作品，还是将其打破，都是十分困难的工作。

想要重组记忆绝非易事，因而有必要为此花费相应的时间。

记忆是如同陶器碎片一般的东西。

最令人恐惧的是死亡和失去

南瓜、蜘蛛、狗等，这些通常不会引人害怕的东西之所以会成为一部分人恐惧的对象，是因为他们将真正恐惧的东西替换成了这些东西。至于选择什么来作为替换的对象，则源于他们的生活经历。因此，唯有十分仔细地询问才能得知个中缘由。然而，替换对象本身并没有什么决定性的特殊含义。

在令人极度恐惧的事物中，排名第一的是死亡和失去，很多恐惧症都源于此。人们对死亡的恐惧毋庸赘言，然而，对死亡最感到恐惧的，却多是乍一看离死亡最远的孩子。对很多孩子而言，他们对死亡的恐

情感依赖
· 摆脱以爱为名的温柔暴力 ·

惧远甚于成年人，因为在他们看来，那些鲜活温热的东西会突然变成像石头和泥土一样冷冰冰的东西。

当然，这对我们成年人来说也是一样。只不过，面对这种非日常的恐惧的东西时，孩子的心理承受能力要脆弱得多。而这种恐惧症并没有确切的解决对策。

另一方面，失去的恐惧感要更为复杂。爱慕对象的死亡当然意味着失去，然而，"失去"的含义不止于此。对一直以来的爱慕对象感到失望，或是依附对象展现出脆弱的一面，这都是一种失去。深受其扰的是处于青少年时期的孩子，他们开始对父母给予的安全感产生怀疑。然而，伴随这一时期出现的恐惧却容易被人忽视。也有人试图否认这一切，而恐惧症则会缠上这些人。很多在青少年时期之后才出现恐惧症的患者，都会出现抵触性接触（异性恐惧症）的现象，偏执地认为这些东西"污秽不堪"，这种观念被称为

第 5 章
"跌落谷底"是改变的起点

"强迫观念",而试图反复冲洗、清除这些"脏东西"的行为则是"强迫行为"。而这些都与恐惧症息息相关,其背后则暗含着对死亡和失去的恐惧。

恐惧症这一心理现象的本质是"对象的替换",其背后暗含"难以言喻的恐惧"。

第 **6** 章

"另一个自己"蕴含的力量

历经千辛万苦,或许你的人生未必如愿,但能顽强地走到今天,毋庸置疑,这就是你自身实力的证明。对你而言,这其中的痛苦很重要,正是它造就了如今的你。倘若你能和内在的自己关系融洽,就能看到从未看过的风景,听到不曾听过的声音,也就能自然而然地知晓前进的方向和该做的事情。

如何看待停滞不前的状态

闭门不出的青年因"被抛弃的恐怖"和"被吞没的恐怖"而畏缩不前，他们会把几乎要吞没他们的父母之爱看作"以爱为名的暴力"，因而会伤害父母。这些青年渴望自立的冲动原本是健全的力量，然而，因为用错了地方，继而导致家庭内部暴力的发生。

这些青年将闭门不出的自己贬低得一无是处，他们意识不到自己已然具备的能力，更何谈使用这种能力。换言之，他们正因为无法察觉自己的力量，才无法充分利用它。

这些青年需要能够唤醒他们的人或事物，而所谓

第 6 章
"另一个自己"蕴含的力量

唤醒,是指将某类弱者从其身处的困境中解放出来。

要想解放能量、振作起来,有几个具体的方法。其中之一是,把"闭门不出"这种消极想法转换成"明明有自立自强的能力,却故意消耗大量精力来按兵不动"的积极想法。这种思考方式被称为"积极的重构"。

我们在看待事物时,如果只从单一的思维模式出发,就容易走进死胡同。然而,如果换一种模式,就会看到截然不同的风景。有时,提醒别人换一种方式来思考,也是一种唤醒的方式。

尝试使用这些具体的方法,把用以维持现状的精力拿来让自己振作起来吧。倘若我们一直止步不前,无法挑战自己并做出改变,那么这种原地等待就会因为被父母之爱吞没而变成一种自我消解、自我丧失。如果是为了避免这种状况而急于抓住除父母之外的救命稻草的话,就会为了讨对方欢心而全身心地迎合对方,而为了避免这一新的问题,又会横冲直撞地推开

情感依赖
· 摆脱以爱为名的温柔暴力 ·

对方。

　　在这慌乱之中浮现出来的，正是自己的个性。所以，要想成为自己，也很不容易。

畏缩不前本身就需要耗费巨大的精力,意识到这一点也是一种自我保护的手段。

活到现在就是实力的证明

所谓人格，是一个人和周围人的关系，即人际关系的模式。

例如，社交恐惧症不过是一种人际交往的个性而已，其特征是，在面对他人时会感到紧张。社交恐惧症者的一大特点是，会竭尽全力地和初次见面的人打好交道。最初，他们会豁出去，努力营造开朗健谈的形象，与人寒暄周旋。然而，之后他们却会越来越害怕与对方碰面，因为他们担心自己一旦逐渐被人了解，就会被抛弃。

社交恐惧症者会说自己希望克服这种担心，但"克服"一词往往包含"想要打倒对方"的心理。可

第 6 章
"另一个自己"蕴含的力量

是，人格是自己的特质，与自己的人格为敌是无法获胜的。如果不能抱有"自己的这种特质也挺可爱的嘛"这种想法，恐怕就无法释然。

那么，如何才能做到这样去想呢？这需要对自己温柔以待，接纳自己的全部。这便是我所提倡的重要观点。

那些讨厌自己，想解决自己的这种问题的人，请你再好好想一想，你有多么讨厌自己呢？如果是"非常讨厌"，那么努力把它降到"有一点儿讨厌"。而且，你为什么会讨厌自己呢？是谁让你变得讨厌自己呢？

刚出生的婴儿不会觉得自己很没用，婴儿一直大哭大闹，仿佛在向周围人宣告："给我换尿布！""我饿了！"曾经，你也是这样的婴儿。

要说婴儿为何会如此，是因为他们相信自己很了不起，认为自己就是世界的中心。那个曾经的婴儿为何如今会自我厌恶呢？简言之，是因为父母，因为自己没有成长为父母所期待的样子，于是产生了强烈的挫败感，因此自我厌恶，这实在是大错特错。

历经千辛万苦，或许你的人生未必如愿，但能顽强地走到今天，毋庸置疑，这就是你自身实力的证明。

对你而言，或许这份痛苦很重要，或许正是它造就了如今的你。

把治疗当作一段奇幻之旅

走在路上时，我们偶尔会遇到前方无路可走的情况。然而，如果登上附近的大楼，从楼顶向下看，你就会发现看似无路可走，但实际上只要往后退一退，往右一拐，就能走上大马路；或者穿过左边大楼的停车场，再绕一圈，就能继续往前走了。

关键就在于能否转换视角。人们往往会被"非这样不可"的想法所禁锢，从而觉得走投无路。而我进行的所谓的"治疗"，其实就是帮助患者改变视角。有些患者对我说他患有抑郁症，或是问我怎样才能治好他的恐惧症，我便会问他们："为什么要紧紧抓住这些病不愿放手呢？"

第 6 章
"另一个自己"蕴含的力量

不是人人都会得抑郁症或恐惧症的,要想治好它们自然也不容易。既然如此,不如干脆换个心态,将其当作一段耐人寻味的奇幻之旅。当然,如果是到了出现自杀倾向的程度,还是需要让患者住院治疗的。不过,一般情况下,我会建议他们换种心态,将其当成一段奇幻之旅就好。

在和患者解释病情的时候,如果告诉他们"因为某段经历导致了现在的症状",那患者是完全听不进去的。对于无法表达消极情感的人而言,即便怒火中烧,他们也会克制自己——"我不能发怒",从而发展成抑郁症。他们连我的解释都听不进去,更别提治好了。要想治愈他们,唯一的办法就是让他们知道"居然有人如此深入细致地了解我、理解我"。对于治疗者而言,深入了解患者的人生经历尤为重要。比如患者在大学时代遇到了哪些事情、小学时最喜欢的小狗叫什么名字等,事无巨细地了解这些,就是对他抱有兴趣的最佳证明。

情感依赖
· 摆脱以爱为名的温柔暴力 ·

在建立了这层关系之后,如果还是产生了令人束手无策的状况,那我会对患者说:"诊所没有床位,所以要不要暂时去医院休息一下?"从而提供一个第三场所。这一场所也未必非得是医院,但只要能提供一个除住所和诊所之外的第三场所,患者就会安心许多。

无论是恐惧症还是抑郁症,患者都会觉得自己无法摆脱,走投无路。然而,事实并非如此。

返童退行：遏制成长的力量

我们在改变的路上有必须克服的恐惧。

做出改变意味着丢掉之前弱小的自己紧抓不放的东西。换言之，必须逐渐接受依赖对象的离开，而这很可能引起"被抛弃的恐惧"。

比如，青春期的孩子发现，曾经那么强大的父母竟然如此弱小不堪。此时，孩子会觉得那股保护自己的强大力量离他远去了，从而感到孤独。然而，取而代之的则是自身力量的增长，只不过孩子意识不到这一点罢了。

这种自身力量可能在一段时间内仍未被发现，因为孩子的注意力全被另一件足以让他们震惊的事吸引

第 6 章
"另一个自己"蕴含的力量

了——父母可能不会再保护自己了。

一部分进入青春期的孩子会出现"退行"的现象,仿佛要抛弃成长过程中的所有成果。比如闭门不出、陷入暴食和呕吐的恶性循环等,这些都是"退行"的表现。

这些都是一种无益的挣扎,由于惧怕自身与日增长的力量,企图通过让时间暂停、削弱自身力量的方式来逃避"被父母抛弃的恐惧"。沉溺于这些行为中,就无法觉察到自身的力量。但是想想便知,能够沉浸在如此纠结的行为之中,其本身就是一种巨大的力量。只要能够意识到这一点,他们就能从"试图让时间暂停"的徒劳中解放出来。

与"被抛弃的恐惧"相对应的是"被吞没的恐惧"。在他们成长变化的过程中,会出现新的爱慕或崇拜的对象。在新的爱慕对象(如同龄异性)的衬托之下,自己和之前的依赖对象(如父母)的关系将显得陈旧。于是,他们会试图远离之前的关系,随之而来的便是"被抛弃的恐惧"。

然而，在接近新的爱慕对象的过程中，又会因为直面"被吞没的恐惧"而两腿发软。当被新的爱慕对象吞没的恐惧汹涌而来时，他们根本无法意识到自身的力量。于是，他们可能尚未奔向新的爱慕对象，就又回到被旧的依赖对象吞没的状态中去了。

像这样，青春期的孩子和父母始终处于一种围绕着权力的紧张关系中。

成长过程中,孩子会感到自己一直在和父母『比个子』。

通过育儿唤醒"内在小孩"

虽然很遗憾，我自己没有充分享受过育儿，但是育儿绝对是一件充满乐趣的事。然而，很多男性却错失了这一机会。

为什么说育儿充满乐趣呢？因为它可以唤醒我们心中被日常琐事麻痹的"内在小孩"，也就是"真实的自己"。虽说这个"内在小孩"既易受伤，又爱撒娇，但是他懂得享受生命。而且，因为能够完整地接纳现状，所以他既柔韧，又坚强。父亲们应该倾听这个"真实的自己"；应该学会像孩子一样去发现生活中的趣味，并乐在其中；应该找回作为孩子时所特有的好奇心。如此一来，父亲自身蕴藏的无数可能性将

第 6 章
"另一个自己"蕴含的力量

会得以激发,而所谓的"男子汉神话"则终将黯淡。取而代之的将是一个拥有丰富女性特质的父亲,一个童心未泯的父亲,一个能够一边从容地面对终将到来的死亡,一边享受生活的坚韧的父亲。

如果能够了解到这些育儿的乐趣,将会有更多人离开职场,成为男保育员或是家庭主夫。现如今,不少年轻男性会陪妻子一起去准妈妈课堂学习,或是陪妻子进产房,从而体验到男性原本无法体验的妊娠甚至分娩过程。当然,有时也会出现妻子更适合外出工作的情况。在日本因少子化造成社会劳动力逐年减少,若是女性全职工作,那么势必需要丈夫分担育儿和家务活儿。

育儿若是由妻子、丈夫、男保育员和女保育员等角色共同参与,其效果令人期待。通过让家庭得到更多的关注和支持,或许能够避免这几十年来小家庭厚厚的壁垒中频发的诸多问题,例如家庭暴力、母子过度亲密、恋母情结、进食障碍和闭门不出等出现。

这一系列变化或许可以消除日本的主流家庭形态，即所谓的"一个男人养活全家"这种幻想。这并非意味着家庭会土崩瓦解，通过唤醒"内在小孩"，男性如果可以找回真实的自己和真正喜欢的生活方式，那么父亲这一形象将会发生改变。由此将会诞生出新的家庭，即改良版的父亲和丈夫，以及改良版的母亲和妻子，这样的家庭将会比以往更加自由自在吧。对此，我充满期待。

通过育儿，大人能够唤醒『内在小孩』。

父母越有能力，孩子越受其苦？

人一旦有了选择，自然就会有烦恼。过去，子承父业是天经地义，因此人们不会为选择职业或生活方式而苦恼。常常农民的孩子就是农民，工人的孩子就是工人，只要做好相应的工作，扮演好相应的角色，踏踏实实地走完一生即可。

然而，如今生活水平提高，选项增多，便出现了各种各样的烦恼。人们迷茫着，也会因为自己的选择遭受痛苦和别离，令人后悔的事越来越多。不论选择哪一方，都势必要舍弃另一方，要想做出选择着实不容易。

过去，人们常说，要舍弃欲望，谦虚谨慎，啃完

第 6 章
"另一个自己"蕴含的力量

芋头就去睡觉,但我们无论如何也回不到那个时代了。女性也逐渐开始拥有自己的人生规划,这已经成为一种常态。

越是有能力的人,选择就越多。

所谓"有能力",是指不依靠他人,不借助他人之力,拥有属于自己的世界、思想和价值观等,活出自己的风采。

如此一来,选择自然会增加,而有关如何生活的烦恼也会随之增多。

父母若是拥有众多选择、充满魅力,孩子也会很辛苦。在有能力的父母的耳濡目染之下,孩子不得不去思考各种问题。孩子原本是以父母的关心和爱护为养分成长的,对于他们而言,有能力的父母的行为和语言都是充满神秘感的。不久,孩子会沉迷于解开这些谜题,而后,则会开始给父母出谜题。

父母和孩子虽说是亲子关系,但终究是不同的人,因此,似乎也没有必要勉强自己成为很好理解的

情感依赖
· 摆脱以爱为名的温柔暴力 ·

父母。要清楚地认识到"自己所做的种种并不会全被人理解",然后竭尽全力把每件事做到最好,这才是健全的心态。或许,对于孩子而言,让人捉摸不透的、充满神秘感的父母才更会令其人生丰富多彩。至少,这比那些把孩子当作活着的唯一意义,一眼就能看穿的父母要强得多。

所谓『有能力』，是指拥有选择以自己喜欢的方式来生活的选择权。

想象未来的自己，进行具体的改变

如果可以改变"当下的生活不可动摇"这一想法，那么选择的余地就会更大。稍微努力一下，自然就会发现"我们每天都在一边做出选择，一边生活"，意识到这一点，就能慢慢喜欢上拥有决断力的自己。相反，如果感到"生活每天都在自动翻篇"，那就已经陷入一种机械化的状态了。当我们觉得"每天都只是两点一线地往返于家和单位之间"时，能否在脑海中描绘出另一种生活方式就显得至关重要。

有一个说法叫作"另一种选择"（alternative）。试着随时想象另一个自己吧，尤其是当现实生活令人窒息时，可以试着描绘另一个自己。如果空洞地幻想

第 6 章
"另一个自己"蕴含的力量

有些困难,那就试着想象"住在别处的自己"就好。这也是一种勾勒"未来的自己"的力量。

所谓想象"未来的自己",并不是去想象孩子的病得以痊愈,或是离家出走、有暴力倾向的孩子改过自新等,因为这些都是以他人的改变为前提的,我们需要想象的并非这些,而是更为具体的自身的改变。

实际上,"未来的自己"早已在你的内心各处显现。例如,你今天所穿的衣服反映了自己过去的喜好,但在选衣服时,你或许也预测了明天及之后的自己的喜好。因此,首先试着换种思路——你是预见了自己未来的模样,才有了当下的自己。然后,试着去思考未来的自己会给现在的自己传递怎样的信息。

可以试着去想象一些有关"如果"的话题。相信你应该怀有各种遗憾,比如过去未曾实现的梦想、未对弹奏钢琴的邻家姑娘表露的心意、曾经想尝试的芭蕾等等。或许现在再穿上芭蕾舞裙需要些勇气,但试试也无妨,让未来的自己去找回那个曾经遗失的自

情感依赖
· 摆脱以爱为名的温柔暴力 ·

己,像这样想象出的就是所谓的"另一个自己"。一旦能够这样去思考,你的生活就会发生具体的改变,已然具备了开放的心态,去接受来自未来的信息。

倘若感到现实生活令人窒息，可以随时切换到想象中的另一种生活。

拥有"另一个自己",
重拾遗忘的记忆

我们关于自我形象的态度向来保守,习惯于认定"自己就是这样的人",而不习惯保有"另一个自己"的选项。

近来,终于有人开始用"内在小孩"或是"内在自我"(inner self)的说法来探讨有关"另一个自己"的话题,但这仅限于极少数的人。

对于"另一个自己",我们或许应该采取一个更为开放包容的姿态。这样一来,通往无意识世界的道路将会更加开阔,生活也会更加轻松。如果说我们和他人的关系是两人关系,我们和父母的关系是三人关

第 6 章
"另一个自己"蕴含的力量

系,那么,我们和"另一个自己"的关系则是"1.5人关系"。当这种关系僵化时,我们就难以发挥出自身的力量,因为不论你打算做什么,"另一个自己"都会加以批判和阻挠,令你动弹不得。相反,倘若和"另一个自己"关系融洽,你就能看到从未看过的风景,听到不曾听过的声音,也就能自然而然地知晓前进的方向和该做的事情。

事实上,不论是认为"世界仅由我们的所见所闻构成",还是认为"我们的记忆都完整地串联在一起,只要我们想回忆,随时都可以回忆起来",都是巨大的误解。我们只看得见自己想看的东西,因而我们所能看到的东西实在非常有限。同理,我们能听到的东西也一样有限,即便发出了声响,只要我们不想听,依旧听不到。

因为我们生活在好似杂乱不堪的格子一般的认知中,所以有太多东西会从格子里掉出来,尤其是记忆,它宛如在漆黑的屏幕上零星浮现着的白点。这些

情感依赖
· 摆脱以爱为名的温柔暴力 ·

记忆的白点从何而来呢？不论形态大小，也不论轻微还是严重，这些白点都是由于遭受了某种心理创伤所致的。可以说，我们只记得这些曾经遭受的伤害，而将除此之外的事情忘得一干二净。

而"另一个自己"能够帮助我们重拾遗忘的记忆，并在必要的时候提醒我们。

若能意识到『另一个自己』的存在并对其宽容以待,就能看到许多一直以来忽视的东西。

第 **7** 章

从依赖症开始成长

创伤幸存者所需要的是关心自己、愿意完完整整地倾听自己心声的人，但倾听者不能是可以为他做些什么的依赖对象，而是和他自己一样的"成人孩子"同伴。当他置身于会被认真倾听的环境时，他所说的话会变得意义非凡。这样的交谈会给迄今为止束缚他的诸多价值观带来巨大冲击，并改变他的交流方式，而这些改变也有助于改善他和家人之间的关系。

为何会对依赖症紧抓不放？

患者为何会对自己的病症紧抓不放呢？恐怕是因为这些症状正是患者向周围的人（尤其是家人）释放的信号。

酒精依赖症患者嘴上说着"别管我"，却通过睡在路边的行为无声地呐喊"帮帮我"；进食障碍患者表面温和顺从，会微笑着说"知道了"，却借由暴饮暴食后催吐的循环来无声地发泄对依恋对象的愤怒；儿子担心父母关系不和，却并没有与父母耐心交谈，反而走上犯罪道路或闭门不出；女儿比任何人都更关心母亲，但对母亲又像是见而生厌一般，决不靠近半步。

第 7 章
从依赖症开始成长

各种充满矛盾的信息在家中飞来飞去。然而,它们并非毫无章法,而是遵循了每个家庭所特有的用语规则。因此,要想解开这些谜语,也并非无计可施。

当我开始挑战破解这些谜题时,我首先会引导患者摆脱长期依赖且不愿放手的症状。他们由于种种缘故才对病症紧抓不放,自然会对摆脱病症这件事充满抵触情绪。为了消除这种抵触情绪,比起精神疗法中常见的"倾听"(包容)或"走近"(共情),"直接发号施令"(下达指令)更为有效。

总之,要领在于,不要过分走近患者,要找准其病症铠甲的弱点,攻其弱项,并教会他们更有效的防御方式,以便让他们卸下病症的铠甲。当然,这一过程中要注意言行温柔,但也仅限于为了更好地帮助他们摆脱病症。

明明是令人痛苦的病症,患者却不愿放手,如果能够认识到这一棘手的悖论,并让努力维系这一悖论的患者感到内心无力,那我的工作就会自然而然地走向成功。

　　作为治疗者,我总是一边思考这些问题,一边工作。如果大家了解到这一点,那么或多或少也会理解我的想法和行为了。

家庭是各种无声信息交织飞舞的悖论之地。

愤怒很正常，敌意才需治疗

愤怒是一种人人都有的生理现象，是一种短暂的情绪，只要能用恰当的方式表达出来，就不会对身心造成伤害。

原本，愤怒是婴儿用于对外表达自身需求的工具。一个还不会说话，也无法进行自我保护的婴儿，要想使自己的需求获得满足，除了展现愤怒之外别无他法。于是，他们哭得红了脸，来向他人传达自己的不适，以便让自己舒适起来。

将不适转为舒适，这是个体维持生命的必由之路。无法感知不适，或即便感受得到也无法表达，都无疑是对生命巨大的威胁。愤怒则是当自身安全受到

第 7 章
从依赖症开始成长

威胁时,为了扭转危机、进行自我保护而产生的必需品。

假如一个人完全感觉不到疼痛,那么他一定会暴露在巨大的危险之中。正因为能感到疼痛,才证明我们还活着,也正因为能感觉到疼痛,我们才得以活下去。我们努力避免疼痛、口渴、不安等不适感,才得以生存,而愤怒正是这些不适感中的一员。因此,如果有人感觉不到愤怒,那他反倒处于危险之中。

虽说愤怒必不可少,但当你试图压抑、积攒它时,愤怒则会演变成危机。这样一来,便会产生各种问题。比如,对特定对象的愤怒积攒而成的"敌意",便是一种需要治疗的心病。

被压抑的愤怒会以各种扭曲的形式表达出来,很难将其和不安区分开来,当然,这样做也毫无意义。不安、愤怒、抑郁是一连串的情绪,无论哪一种都可能成为依赖症的温床。或者说,依赖性的行为几乎皆因愤怒而起,它们都是作为被压抑的愤怒的替代品而

情感依赖

· 摆脱以爱为名的温柔暴力 ·

产生的。愤怒会转变成各种形态，其中之一便是依赖症。越是充满敌意，心中积攒的愤怒就越是令人痛苦，因此必须借助某种力量发泄出去。于是，平日乖巧懂事的女儿会在喝醉后对着父母破口大骂，然而，这种交流方式绝不可能带来好结果。所以，从这个角度来看，也可以说被压抑的愤怒是一种人际关系障碍。

对特定对象的愤怒郁结于心的状态就是『敌意』。敌意既是一种人际关系障碍，也是一种心理障碍。

寻找能表达自我的方式

那些对父母满怀愤怒和憎恨的人，往往此前一直都在努力迎合父母的期待，而这种努力却最终宣告失败。当自己的努力以失败告终时，他们会责备自己。不久后，他们会逐渐滋生出对父母的怨恨和仇视。

对于这样的人，有必要让他们学着尽情表达自己的想法和情绪。不过，要避免出现以往采取的冲动行为，比如对父母破口大骂或是砸东西等。他们应当一边重新审视自己和父母的关系，一边学着表达。

即便毫无疑问是父母的错，但当自己想和别人倾诉时，却出人意料地难以表达。此时，也就是感到难以组织语言的时候，他们会开始寻找表达自身愤怒、

第 7 章
从依赖症开始成长

不安和绝望所需的词汇。

对于这种情况，作为治疗者，我会提供一些词汇，以丰富他们的表达。于是，他们获得了用于表达自身愤怒、不安和绝望的必要词汇。当他们感受到用这些词汇去讲述自己和父母之间的关系是一件让自己感觉良好的事情时，他们就开始需要一位倾听者。

这位倾听者不能是可以为他们做些什么的依赖对象，因为依赖对象并不能立即满足他们的要求，会因此发展成新的愤怒对象。此时，他们需要的倾听者应该是和他们自己一样，自我认知为"成人孩子"的同伴。因为同伴和自己一样无力，所以除了倾听之外什么也做不了。而且，因为同伴不会主动来探望他们，所以，必要时，他们不得不自己外出寻找。如此一来，那些常年足不出户，也就是所谓的"茧居族"，会为了"成人孩子"之间的"会谈"而走出家门。

顺便一提，"成人孩子"这一概念诞生于20世纪70年代末，而"共同依赖"一词正是在这一时期开始逐渐被使用的。开始使用"成人孩子"一词的人群和最初使用"共同依赖"一词的人群一样，都是酒精依赖症治疗一线的工作人员。而当这些工作人员使用"来自酗酒家庭的成年孩子"这一表达来关注这一人群的时候，他们才意识到原来自己也是"成人孩子"中的一员。

学会表达自己的情绪。

将烦恼说出口，便能找到解决之道

如今，所谓的心理疗法数不胜数。然而，多年来，我的临床治疗风格却几乎没怎么变过。在心理创伤治疗领域有一些颇具疗效的技巧，比如催眠、快速眼动疗法（EMDR）、神经语言程序疗法（NLP）等，我对此也很感兴趣，还会建议年轻的同事们熟练掌握其中某种疗法。然而，我自己还是一如既往地用心倾听咨询者的倾诉。硬要说有什么变化的话，或许就是以前来咨询的人几乎都是酒精依赖症患者及其伴侣，如今则多了些幼儿和小学生。

如果能够用语言将烦恼表达出来，人就能自己解决烦恼，或是更容易借助他人之力来解决。因此，我

第 7 章
从依赖症开始成长

一直致力于提供一个能让患者安心倾诉的场合,也就是我所说的"会议"。

朱迪思·赫尔曼是美国著名的精神科专家,她为创伤幸存者,尤其是儿童时期曾遭受性虐待创伤的幸存者的治疗开辟了道路。其著作《创伤与复原》的日文版问世后,在日本也开始广为人知。我曾在一次研讨会上与赫尔曼女士同席,其间,有人询问她的治疗方法是什么。她答道:"Just listening."(只是倾听而已。)

不论在哪个国家,不论用哪种语言治疗都是如此。创伤幸存者所需要的是关心自己、愿意完完整整地倾听自己心声的人。不论是哪种治疗技巧,都必须在此基础之上才能开花结果。

原本,知道"究竟该如何是好"的就只有患者自己,治疗者所能做的无非是"以不知为知",即适当地提问,也就是稍早前流行的"叙事疗法"(通过和治疗者对话,患者依靠自己的叙述,将支配自己的消极故事转变为积极故事）的基本操作。

而早在叙事疗法出现之前，我就很清楚这一方法。教会我这一点的是戒酒会成员，也就是之后加入匿名戒酒者协会的成员们，我在和他们及其家人长年累月打交道的过程中受益匪浅。

烦恼的解决之道,患者自己很清楚,而治疗者并不清楚。

寻找交流对象，练习表达愤怒

向对方表达愤怒是一件很困难的事。因此，我不赞成大家突然尝试直接对当事人表达自己的愤怒。如果一开始就能做到这样，也就不存在依赖症的问题了。

首先应该做的是，营造一个能够安心表达愤怒的环境。为此，有必要寻找一个能够对其表达愤怒的对象，若是能和处于相同立场的人交换彼此的愤怒，就再好不过了。例如，A把自己对家人的愤怒宣泄给B，而B也将自己对家人的愤怒宣泄给A，那么这种对等关系是成立的。这种交换至关重要。

如果能够做到这一点，人就会逐渐振作起来，因

第 7 章
从依赖症开始成长

为在这一过程中,人能渐渐学会如何恰当地表达自己的愤怒。其实,表达愤怒就像拆毛线球,只要能够抓住线头往外扯,就能越扯越多。有的人会极力称赞自己的父母很好、很优秀,而他们大多是在隐藏自己的愤怒。要是他们能说出"但是"一词,我就放心了,因为那样的话,他们的愤怒就能像连锁反应一样,接连不断地倾吐而出,他们便能逐渐清晰完整地表达自己内心的愤怒。因此,所谓营造表达愤怒的场合,并非指那些仅限一次的爆发,或是对偶遇的人发发牢骚之类的,而是必须找到和自己有某种联系的倾听环境,在那里可以和倾听者互相交流情感,必要时可以适当地向愤怒对象表达愤怒:"你之前说的话让我有点儿受伤。"

在这样的练习中,他们会逐渐明白"只要能够恰当地表达自己的愤怒,对方就不会因此而抛弃自己"。如果不能明白这一点,就只会以不恰当的方式来宣泄愤怒,其中之一便是重回原点,通过和对方兜

情感依赖
· 摆脱以爱为名的温柔暴力 ·

圈子,让对方头疼不已,以便吸引对方的注意力。比如,想方设法让对方一整天都满脑子想着自己,从而将对方拉回自己身边,或者反过来,用极其冷淡疏远的态度来隐藏自己的情感。无论是哪一种,都和长期以来亲子或是夫妻之间的做法如出一辙。如此一来,治疗便无法继续,康复更是遥遥无期。为了避免出现这种情况,试着去找到属于你的倾听者吧。

如果能对倾听者恰当地表达自己的愤怒,那么依赖症的问题便有望获得解决。而在此之前,找到一个这样的倾听者才是最为困难的。

互相倾听的交流会

有一种名为"叙事疗法"的治疗方法。在这种疗法中，怀有心事的患者会讲述自己的故事，负责倾听的一方，即治疗者，会与其进行交流。而两者之间的对话，也就是故事，则会不断演变。在重复这一交流的过程中，"包含症状的表达"会逐渐丧失优势，患者口中的症状或问题最终会消解于其他问题之中。而在此之前，治疗者只需遵守"以不知为知"的原则，即"问题的解决之道只有患者自己知晓，治疗者对此一无所知"，静候患者所知道的解决之道出现即可。

我曾连续多年召集数十名患者，举办由他们面对面讲述自身经历的交流会。只不过，每次的讲述者都

第 7 章
从依赖症开始成长

仅限自愿报名者，其余的参加者均为倾听者。如果交流会为两个小时，那么前一个小时为倾诉时间，在此时间内，讲述者尽情倾诉，倾听者尽情倾听，但倾听者不能对讲述者发表任何看法，也禁止对外泄露讲述内容；之后的一个小时则是讨论时间，我也会参与其中，必要时，我会解说自己的观点。

因为这一解说类似于对患者的发言做出回应，所以会涉及一些专业性话题，比如，有关常见于家庭内部、主要由虐待所导致的创伤后应激障碍，即复杂性创伤后应激障碍，以及边缘性人格障碍的特征，等等。另外，有时他们还会要求我对他们目前正在使用的药物稍作说明。这一小团体也会对极度孤独、死亡冲动、自残行为、偷窃癖、近亲性虐待、人格转换等问题进行危机干预。如此一来，这里应该说是一个被称为"叙事团体"的治疗场合，而这一叙事团体正应用了此前所介绍的"叙事疗法"。

在这一交流会中，倾听者的角色被称作"好心的

情感依赖
· 摆脱以爱为名的温柔暴力 ·

听众",因为他们会耐心地倾听讲述者的倾诉。讲述者在这些听众面前所说的话和在家中所说的截然不同,而对于讲述者所说的内容,20个听众便会有20种不同的解读。

　　这一团体中的交谈会给束缚讲述者自身的诸多价值观带来巨大冲击,并能改变讲述者的交流方式,而这些改变也有助于改善讲述者和家人之间的关系。

当一个人置身于会被认真倾听的环境中时,他所说的话会变得意义非凡。

依赖症是一种心理防御方式

当不安所带来的痛苦格外严重时，暴露在这一痛苦之中的生活就会变得难以继续。此时，人们会选择让自己的感受变得迟钝，这被称为"心理防御"。当然，这并非指有意识地消除不安，而是无意识地遮盖住不安的现实来源，或是选择无视它，又或是找些稀奇古怪的借口，再或是歪曲它，以此来避免不安上升到意识层面。

这些防御方式几乎都有利于人类适应环境，不可或缺。我们每个人都具备这种本领，但具体的防御方式因人而异，每个人都有自己的固定套路。就像每个人穿的衣服各不相同一样，每个人的防御方式自然也

第 7 章
从依赖症开始成长

千差万别，而这便塑造了个人特色（人格）。不过，有些人的衣服显然有些奇怪。例如，有人穿着过于坚硬笨重的盔甲，导致无法自如行动。原本应该利于生存的防御反而活得苦不堪言，这种状态被精神科医生称为"焦虑性障碍"。

依赖症也是由这种心理防御方式演变而来的，工作狂、酗酒、进食障碍等都是典型例子。但其实，谁都有过超负荷工作、过度饮酒或是过量进食的经历，从未用过这些方式来缓解不安的人，可谓少之又少。

然而，有些人却逐渐迷恋上安眠药、镇静剂、酒精等一些能改变精神状态的药物或物质。由于它们可以抑制和掩盖那些突破心理防线的不安，因此一旦对其产生依赖，便很难戒掉。绝大多数对药物成瘾的人，都否认自己滥用药物是为了抑制不安，他们会说"只是为了让心情变好"。然而，所谓的"让心情变好"不过是暂时舒缓不安和紧张的权宜之计罢了。

年轻人尤其容易对药物上瘾，因为他们很容易被

情感依赖

· 摆脱以爱为名的温柔暴力 ·

强烈的不安所左右。由于他们既不具备直面不安的能力，又缺乏忍受不安的经验，因此当他们急于摆脱心中的不安时，便对药物趋之若鹜，而这种防御方式最终只会迎来失败。如此一来，他们便无法继续从容地摆出"这种防御方式也是人格之一"的姿态了。

不论是谁,都会或多或少按照自身需求粉饰现实,并活在粉饰后的『内在现实』之中,这和正常人不会在街上裸奔是一个道理。人们都穿着各式各样的『衣服』,而这些『衣服』便是『人格』。

提高对不安的耐受力

对于染上依赖症且症状不断加重的人而言，他们对不安的耐受力也在显著降低，稍有些争吵或情绪上的波动，就会引起不安，这种不安仿佛要把整个人撕裂般，令人难以忍受。而此时，为了抑制这种不安，他们便会慌忙抓住依赖行为这根救命稻草，因为他们深信，陷入依赖行为是控制不安的唯一方法。

这听起来或许匪夷所思，无论怎么看都是自我毁灭的依赖行为竟然有如此功效。换言之，当他们快要被强烈的不安所吞噬，精神濒临崩溃，就要变得不正常的时候，依赖症能救人于水火。然而，作为代价，依赖症也会一点点地摧毁他们的健康、自尊心和人际

第 7 章
从依赖症开始成长

关系。但他们会想着,不管怎样,起码先维持住精神的安定,抵抗住压力活下去再说吧。他们心怀渺茫的希望,觉得只要活下去,未来或许会变得好受一些。

不依靠依赖症来逃避问题,直面不安,慢慢地用自己能做到的方式去克服不安,这可绝非易事。若是孤身奋战,不论自己如何努力,最终都很难成功。停止依赖行为后会产生不安,如果对其放任不管,不安迟早会演变为抑郁症,有时甚至会引发更为明显的精神疾病,如此一来,便会重回先前的依赖行为。为了防止出现这种情况,请务必善用不安的力量,让它帮助你去结识一些新的朋友吧。

例如,戒酒会引发强烈的不安和焦躁。每当这种时候,戒酒者往往会借着烦躁不安的劲头走进酒吧,一醉方休。但其实也可以换一种做法,比如,参加自助团体的交流会,在那里试着诉说自己的心神不宁、烦躁、愤怒与不安。然后,他们就会明白,那里的人有着和自己完全相同的不安体验。从别人身上看到和

情感依赖
· 摆脱以爱为名的温柔暴力 ·

自己身上一模一样的不安，意味着他们已经可以客观地看待自身的不安了。长此以往，原本无法直面的不安也变得可以面对了。像这样，通过结识新的朋友，转移对自身的过度关注，便能逐渐对周围事物产生兴趣，这便是康复过程的开始。并且，当看到同伴不断进步时，他们也就能下定决心去做当下最该做的事。

要避免重回先前的依赖行为,唯一的方式是善用不安的力量。借用不安,以便与他人相识。

不依赖酒精也能展现真实的自己

如果能够清晰地认识到"可以对别人发怒""感到愤怒很正常，宣泄愤怒再自然不过"，就不必因为害怕被人讨厌而勉强自己，也无须对他人的认可抱有过高的期待。同时，也不必继续编造谎言，活在虚假的生活中。如此一来，就不会再出现他人在揭穿这些谎言后愤然离去的情况，自己也就无须感到自责，进而进行自我虐待了。酒精依赖症患者便不必看到那个和清醒时分判若两人、酩酊大醉后不成体统的自己了。换言之，也就不必将"好的自己"和"不好的自己"割裂开来。这一点对于他人也同样适用。如果能够意识到自己珍视的人既有好的一面，也有不好的一

第 7 章
从依赖症开始成长

面,那么,当自己对其感到愤怒的时候,就能够想到"这只是我个人感觉的问题,好坏两面都有,所以没必要刻意割裂开来,清醒也好,醉酒也罢,不必区别对待,一视同仁就好"。

依赖症患者往往会把两种情感区分使用,把好的(积极的)情感和清醒时的自己绑定,只在醉酒时发泄则是不好的(消极的)情感。具体来说,他们会在清醒时对母亲表达感谢之情,却在烂醉如泥后对母亲大加指责。然而,清醒时的情感也并非弄虚作假,不论哪种心情都是内心的真实想法。在此,我想提醒各位的是,所谓"无须醉酒的人",并非指从醉酒后到醒酒前都表现得老老实实、战战兢兢的人,而且也千万不能如此。

例如,屈服于酒精的依赖症患者会变成一个无可挑剔的好孩子。他们会变得非常温顺、乖巧,信誓旦旦地一直说着"以后会好好努力"。

然而,这离真正的康复相去甚远。倒不如说,酒

情感依赖

· 摆脱以爱为名的温柔暴力 ·

精依赖症患者必须成为一个不论积极情感还是消极情感都能明确表达的人。这样的人或许偶尔会做出各种坏事，不过，那并非在喝醉之后，而是在清醒时分，这一点极为关键。

这便是我所说的"按照自己的意愿去生活，但要在不醉酒的状态下一步步向前"，这并不是说一定要戒酒、成为正人君子，而是要能够在不醉酒的情况下，展现真实的自己。

成为无须醉酒的人。

从幸存者到成长者

认为过去的某段经历对自己如今的生活造成了诸多影响,或是认为自己之所以活成现在这样,是因为遭受了这样或那样的心理创伤,这样想的人被称为"幸存者"。而所谓的"现在这样"通常是负面的。比如,他们会认为自己"这么悲惨"或是"这么不幸"等,遭受着身心的双重折磨。于是,他们会将自己一系列的遭遇看作一种宿命,将周围人视为对自己充满威胁的敌人,所以他们必须时刻保持警惕,虚张声势。因此,他们总是感到孤独和寂寞。换句话说,他们会变成"活得艰难的人",这就是被称为"幸存者"的人们。

第 7 章
从依赖症开始成长

与之相反,被称为"成长者"的人不会强调自己曾经遭受的苦难,因为能够完整地接纳自己,所以他们能够善待自己,享受独处,即便感到孤独也能与之和平共处。"成长者"敢于为自己做决定,因此即便发生了什么不好的事,他们也不会用宿命论的观点去看待问题。他们对自己所做的决定负责,即使失败,也能享受努力的过程。

像这样成长起来的人有一种安静的力量。因为这样的人不会来找我咨询,所以与其交谈的机会多是我请他们帮忙的时候。比如,邀请他们在下次的演讲会上谈谈自己的经历。他们若是不愿意,便会明确地说"不"。即使被拒绝了,我也坦然接受,然后去找其他人。如果有更多的患者能达到这种状态的话,我会非常欣慰。

倘若没有成长到位,人就会极其渴望别人认同自己的能力,"我是这么能干的哦""其实我资质不错,因为有这种症状才导致什么都做不了",像这样,他们会围绕自己的症状和能力喋喋不休,十分聒噪。他们无法肯定真实的自己,因此便无法保持沉默。

为什么人一旦成长,就能保持安静,对讨厌的事情说"不"呢?因为所谓成长,无非是摆脱"愤怒"和"依恋"的枷锁,发掘并培育出自我肯定感,从而欣然接纳真实的自己。得益于成长,我们便能用自己喜欢的方式,表达自己真实的情感,或是自己的能力和资质。

成长的表现之一是变得安静。